Cartas natalinas à mãe

Outras obras do autor, em português: ALGUNS POEMAS E CARTAS A UM JOVEM POETA (POESIA)/ APAIXONANTEMENTE (POESIA)/ OS CADERNOS DE MALTE LAURIDS BRIGGE (ROMANCE)/ HISTÓRIAS DO BOM DEUS (CONTOS)/ POEMAS À NOITE (COLETÂNEA DE POEMAS DE RAINER MARIA RILKE E GEORGE TRAKL)/ AS ROSAS (POESIA)/ SONETOS A ORFEU E ELEGIAS DE DUÍNO (POESIA)/ CARTAS SOBRE CEZANNE (CARTAS)/ JARDINS (POESIA)/ A PRINCESA BRANCA: CENA À BEIRA-MAR (TEATRO)/ RILKE: POESIA-COISA (POESIA)/ A VIDA DE MARIA: LEVO UMA TEMPESTADE DENTRO DE MIM/ O LIVRO DAS HORAS (POESIA)/ O AMOR DE MADALENA (SERMÃO)/ POEMAS: RILKE (POESIA).

Rainer Maria Rilke nasceu no dia 4 de dezembro de 1875, em Praga, quando a Boêmia integrava o império austro-húngaro. Educado pela mãe dentro de um rigoroso catolicismo, teve uma formação cultural essencialmente germânica. Após os estudos preparatórios em Linz e Praga, em 1896 ingressou na Universidade de Munique, onde estudou história da arte. Publicou aos 19 anos seu primeiro livro, *Vida e canções*. Entre 1895 e 1900 lançaria três outros trabalhos, considerados menores. Foi então que conheceu Lou Salomé, amiga e discípula de Nietzsche. De sua viagem à Rússia nasceria a primeira grande obra do autor, *O livro das horas*, ao qual se seguiram *Novos poemas* (1907-1908), *Elegias de Duíno* (1922) e *Sonetos a Orfeu* (1922). Porém, seu livro mais famoso é *Cartas a um jovem poeta*, escritas entre 1903 e 1908, mostrando a um neófito, o alemão Franz Xaver Kappus, os caminhos do mundo interior do escritor. Entre 1902 e 1912 passeia e dá conferências em vários países europeus. Depois da Primeira Guerra Mundial fixa-se na Suíça alemã. Quatro meses depois de publicar seus poemas franceses, fere-se acidentalmente na mão. O ferimento agrava a leucemia de que sofria, levando-o a falecer no sanatório de Valmont em 29 de dezembro de 1926.

Maria Aparecida Barbosa nasceu em Patrocínio (MG), mora na Ilha de Santa Catarina com a família. Possui graduação em Comunicação Social pela UFMG (1987) e cursou Theater-Film-und Fernsehwissenschaft na Universidade de Colônia (1993-1995). Tem mestrado e doutorado em Literatura pela UFSC (2001, 2004). Como docente de Língua e Literatura Estrangeiras atua com os temas: teoria literária, tradução literária e filosófica, romantismo alemão. Traduziu *O livro da amamentação* (Paulinas, 2000), *Vitaminas filosóficas* (Casa da Palavra, 2006) e diversos textos, como um dos que compõem a coletânea *Humboldt – Linguagem, literatura e Bildung* (UFSC, 2006). Desenvolve pesquisas sobre Rainer Maria Rilke, E. T. A. Hoffmann, Peter Weiss e Alfred Kubin.

Willi Bolle é doutor em literatura brasileira pela Universidade de Bochum, Alemanha, com tese sobre a técnica narrativa de Guimarães Rosa, e livre-docente em literatura alemã pela Universidade de São Paulo, com trabalho sobre Walter Benjamin e a cultura da República de Weimar. É professor do Departamento de Letras Modernas da USP. Organizou, para a Editora da UFMG, o volume *Passagens*, de Walter Benjamin.

Rainer Maria Rilke

Cartas natalinas à mãe

tradução:
Maria Aparecida Barbosa

prefácio:
Willi Bolle

EDITORA GLOBO

Título original:
Weihnaschtsbriefe an die Mutter

Revisão: Helyo da Rocha e Carmen T. S. Costa
Capa: Andrea Vilela de Almeida
Imagem da capa: Cartão de Natal Vienense, c. 1907
© Austrian Archives / CORBIS
Foto da contra-capa: Rainer Maria Rilke, 1915
© Hulton Archive / Getty Images

Dados Internacionais da Catalogação na Publicação (CIP)
(Câmara Brasileira do Livro, SP, Brasil)

Rilke, Rainer Maria, 1875-1926.

Cartas natalinas à mãe / Rainer Maria Rilke ; tradução Maria Aparecida Barbosa ; prefácio Willi Bolle. — São Paulo : Globo, 2007.

Título original: Weihnaschtsbriefe an die Mutter.

ISBN 978-85-250-4385-6

1. Rilke, Rainer Maria, 1875 - 1926 – Correspondência
2. Rilke, Sophia I. Bolle, Willi. II. Título

07-8647 CDD - 831.912

Índice para catálogo sistemático:
1. Cartas : Literatura alemã 831.912

Direitos de edição em língua portuguesa para o Brasil
adquiridos por Editora Globo S.A.
Av. Jaguaré, 1485 – 05346-902 – São Paulo – SP
www.globolivros.com.br

Prefácio

"Onde? pois, onde é o lugar...?" – Este verso resume a existência itinerante de Rilke, que salta à vista num simples olhar sobre os lugares – mais de quinze – de onde ele, ano após ano, ao longo de um quarto de século, enviou para a mãe as suas cartas da Natal. Essa constelação topográfica constitui uma espécie de mapa da vida do poeta, onde se entrevêem seus relacionamentos profissionais e afetivos, assim como o entrelaçamento de sua obra com o contexto da época.

Berlim, 1900: Rilke, que nasceu em 4 de dezembro de 1875 em Praga, onde iniciou estudos de literatura, história e direito, continuados depois em Munique, muda-se para a capital alemã por causa de Lou Andreas-Salomé, com quem realiza viagens pela Rússia, em 1899 e 1900, onde encontra Leon Tolstoi e o poeta camponês Spiridon Droshin. Westerwede e Oberneuland, 1901, 1904/05, 1907: são lugares próximos a Worpswede, uma colônia de artistas, entre Bremen e Hamburgo, retratada por Rilke em livro. Nesse ambiente de culto ao Jugendstil, em forma de uma vida comunitária ao ar livre e próxima dos camponeses, ele se casa em abril de 1901 com a artista plástica Clara Westhoff; em dezembro do mesmo ano nasce a filha Ruth. De lá, faz viagens para a Suécia e para a Dinamarca. Paris, 1902, 1908/09, 1913: autodidata, Rilke procura contato com o famoso escultor Auguste Rodin, sobre quem publica um livro em 1903. Paris é também o lugar onde ele descobre a pintura de Paul Cézanne e onde escreve as *Os cadernos de Malte Laurids Brigge* (1910). Roma, 1903; Capri, 1906; Duíno, 1911: essa tríade de lugares na Itália marca o contato do poeta com as obras da antigüidade clássica, como o Apolo de Belvedere, com a paisagem mediterrânea e com o castelo junto ao mar Adriático que inspirou um de seus livros mais belos, as *Elegias de Duíno*, também publicado pela Editora Globo.

Túnis, 1910: depois de ter explorado as diversas paisagens culturais da Europa central, do Leste e do Norte, do Oeste e do Sul, Rilke parte para a África. Da Argélia e da Tunísia ele empreende uma viagem pelo Egito, subindo o Nilo até Luxor, Carnac, Assuã e descendo, para conhecer as pirâmides e a esfinge perto do Cairo. Ronda, 1912: a Andaluzia, onde se situa essa pequena cidade (perto de Granada) é para o poeta como uma síntese da experiência européia e africana.

"Onde? pois, onde é o lugar...?" – Nas cartas natalinas de 1914 e 1918 falta a indicação do lugar de onde foram enviadas. É como se a antiga Europa, como terra tradicional da cultura, tivesse se tornado irreconhecível sob a barbárie da Primeira Guerra Mundial. Rilke passa esses quatro anos e quatro meses de guerra sobretudo em Viena e Munique. Viena, 1915: lá, ele trabalha durante o primeiro semestre de 1916 no Arquivo da Guerra. Munique, 1916/17: é para onde Rilke retorna, depois de ser dispensado do serviço militar. Num verso lacônico o poeta resume o que significou a Guerra Mundial para a sua geração: "Quem fala de vitórias – Sobreviver é tudo!"

Após a guerra, em que o Império Austro-Húngaro se desmantela e não se cumprem na Alemanha as expectativas de uma mudança revolucionária, Rilke emigra para a Suíça. Locarno e o Castelo Berg am Irchel (perto de Zurique), 1919 e 1920, são estações de busca. O castelo de Muzot, no Valais (vale do Ródano), de onde Rilke escreve em 1921/22/23 e 1925, é finalmente o lugar onde o poeta consegue concluir a sua obra. Aqui ele termina as *Elegias de Duíno* e os *Sonetos a Orfeu* (ambos publicados em 1923). Perto de lá, em Valmont, de onde envia a penúltima carta natalina, em 1924, Rilke é internado. A doença que o acometeu, no entanto, é incurável: ele morre em 29 de dezembro de 1926 de leucemia.

Como se configurava, nessas circunstâncias de ausência de um lar fixo e constantes deslocamentos, a vida familiar e afetiva de Rilke? Em várias cartas para a mãe ele fala do seu convívio com Clara, e sobretudo da afeição por Ruth, mas com o decorrer dos anos as referências à esposa tornam-se cada vez mais raras, e no fim desaparecem. Uma relação mais duradoura é mantida com a filha, que se casará em 1922 com Carl Sieber e cuidará mais tarde da edição das obras do pai. Rilke soube como poucos poetas expressar a sensibilidade feminina, e isso, sem dúvida, foi um fator importante nos seus relacionamentos com várias mulheres: a continuação da correspondência com Lou Andreas-Salomé; a amizade com a escultora Paula Modersohn-Becker, que pintou seu retrato; e com a baronesa Sidonie Nádherný de Borutin; o relacionamento estreito com a jovem operária francesa Marthe Hennebert; os vários encontros com a atriz Eleonora Duse; a correspondência com a pintora sueca Tora Veja Holmstroem, com a pianista Magda de Hattingberg (chamada por ele de "Benvenuta") e com a condessa Aurélia Gallarati-Scotti; a dedicação de seus sonetos à jovem Vera Ouckama Knoops, falecida aos dezoito anos; e o relacionamento com a pintora Baladine Klossowska.

Diante do pano de fundo dessas numerosas e cambiantes "correspondências" – epistolares, artísticas, intelectuais, amicais e eróticas –, as cartas de Rilke para a mãe, escritas ao longe de vinte e seis anos, destacam-se pela constância e fidelidade. Contudo, os seus biógrafos, como Ingeborg Schnack, Hans Egon Holthusen e Horst Nalewski nos advertem para não idealizarmos essa relação. A mãe,

Sophie Enz Rilke, que nasceu em 1851 e faleceu em 1931 – sobrevivendo ao filho por seis anos –, era filha do dono de uma fábrica e conselheiro imperial. Seu marido, Josef Rilke (1838-1906), era de condição mais modesta; seus planos de uma gloriosa carreira militar fracassaram, e ele não passou do posto de um funcionário de companhia ferroviária. A mãe chegou à conclusão de que tinha feito uma *mésalliance* e separou-se do marido em 1885, quando o filho tinha dez anos. Sophie mudou-se então para perto da corte de Viena e costumava vestir um tipo de roupa usada por viúvas aristocráticas. Ela inventou para o filho a lenda de que eles eram de família nobre, inclusive com brasão. Diante dessas veleidades da mãe e de suas tentativas de controlar seus passos, ele manteve-se distanciado com relação a ela. Assim, estas cartas de Rilke à mãe – na cuidadosa tradução de Maria Aparecida Barbosa – são profundamente ambíguas: testemunho de que filho e mãe, durante um quarto de século, não passaram um Natal juntos; mas também do carinho que o filho, ao longo desses mesmos 25 anos, toda noite de Natal, dedicou à sua mãe.

Com alguma freqüência, sobretudo no início, Rilke oferece à sua mãe seus livros recém-publicados. O ritmo de produção do jovem autor é impressionante. Ele estréia aos 22 anos com o livro de poemas *Coroado pelo sonho* (1897). Aos 25 anos, já tem sete livros publicados. Só no ano de 1902, ele lança três títulos, e mais cinco antes de 1907, quando aparecem os *Novos poemas* (tradução de Augusto de Campos), com os quais Rilke, com uma dicção contida, clássica e ao mesmo tempo ousada, se firma como um dos grandes poetas da literatura alemã e além dela. Essa produção não é comentada com a mãe – como se a arte de saber esperar até a chegada da palavra certa, que dos *Novos poemas* em diante é um componente de sua poética, fosse incorporada também às suas cartas. Apenas na carta natalina de 1923 ele se refere brevemente aos "dois livros novos" – terminados no ano anterior, depois de um longuíssimo tempo de incubação. Trata-se das *Elegias de Duíno* e dos *Sonetos a Orfeu*, que asseguraram ao poeta um lugar na literatura universal.

Não podemos deixar de formular também uma questão prosaica: de que vivia o poeta? O ritmo alucinante de publicação dos primeiros anos é também um indício da dificuldade do jovem Rilke de ser reconhecido como autor e de ganhar com isso a sua vida. Até 1907, ou seja, até os 32 anos, os problemas financeiros eram consideráveis, o que dificultou inclusive a manutenção de sua pequena família e o obrigou a freqüentes viagens de conferências e leituras poéticas. Nessa altura, felizmente, Rilke encontrou em Anton Kippenberg (da Insel-Verlag) um editor que o apoiou e começaram também os contatos com pessoas de círculos aristocráticos que exerceram junto ao poeta a função de mecenas. O melhor exemplo é a dona do castelo de Duíno, a condessa Maria de Thurn und Taxis-Hohenlohe (mencionada na carta de 1911), que Rilke conheceu em 1909 e que se tornou sua amiga para a vida inteira.

Na medida em que progredimos na leitura das cartas e avançamos ao longo dos anos, tornam-se cada vez mais freqüentes os sinais da solidão de Rilke. A certa altura, o casamento e a vida em família tinham-se desfeito. A solidão de que fala o autor não é, porém, na maioria das vezes, carregada de melancolia ou tristeza, mas é a solidão desejada pelo poeta que precisava dela para poder se concentrar na elaboração de sua obra.

Essa solidão é próxima do ascetismo e do sentimento religioso. Os conceitos da esfera da fé cristã usados por Rilke em suas cartas natalinas aparecem também em observações suas sobre a obra poética. Note-se, de passagem, a tolerância e disposição ao convívio com outras religiões, no contato do viajante na África com a fé dos muçulmanos. As cartas de Rilke à mãe são, no seu conjunto, uma grande celebração da festa do Natal. No ritual do nascimento do Menino Jesus, Rilke – que nesses momentos faz relembrar à sua mãe também a pessoa do seu pai – reconquista o acesso à felicidade da infância: "Todas as alegrias de minha vida me remetem irremediavelmente às recordações natalinas".

A religião e a alegria rememorada da infância são antídotos contra a guerra que projeta sua sombra sobre as cartas escritas entre 1914 e 1918: um tempo em que "os homens exaltados e violentos tomaram nas mãos a morte e lançam a desgraça uns contra os outros". Na carta de 1918, se manifesta incerteza e temor diante do estado de "não mais guerra"; ao mesmo tempo, a paz, finalmente advinda, é sentida como auspiciosa. Terminada a guerra entre os países da Tríplice Entente e a França, pode ser retomada a comunicação com os escritores amigos no país vizinho; nesta altura, sobretudo por meio de cartas. Ainda sobrará tempo de vida para Rilke traduzir textos de Paul Valéry, assim como antes da guerra ele traduzira André Gide. Os interlocutores franceses, por sua vez, passam a assimilar intensamente o poeta de língua alemã. Convém lembrar, nesse contexto, que o conjunto das cartas escritas por Rilke corresponde ao triplo de sua obra poética. Por isso, destacamos uma singela observação dele sobre a carta como *medium* da comunicação, que se encontra na missiva à mãe de 1923. A praxe de Rilke ter usado, ao longo de toda a comunicação epistolar com sua mãe, a escrita também como um meio para manter a distância, é redimida por esta formulação bem cotidiana, que – junto com aquela praxe – resume a natureza paradoxal da comunicação humana: nossas cartas precisam e podem "superar a distância".

Willi Bolle

SOBRE *CARTAS NATALINAS À MÃE*

DISTÂNCIA E PROXIMIDADE NÃO SÃO simplesmente proximidade e distância nessas cartas, cartas natalinas à mãe, mas a potência de uma filiação espiritual.

A mãe de Rainer Maria Rilke, Sophia Rilke, conhecida como Phia, era uma mulher bela e moderna, proveniente de família abastada: audaciosa amazona, ótima dançarina e talentosa ao piano e para as línguas. Era a predileta do pai, proprietário de uma fábrica química em Praga e investido em vários cargos honorários. Até a morte paterna, Phia Rilke viveu num mundo onde dinheiro e posição na sociedade nobre de sua cidade natal estavam disponíveis, sem que precisasse lutar para conquistá-los. No livro *René Rilke*, sobre a juventude do poeta, Carl Sieber apenas pressentiu muita coisa a respeito da vida de Phia Rilke, o que agora se comprova através da correspondência pessoal. O certo é: *ela* foi a influência estimulante para o filho, quem viu nele o futuro poeta – e nunca o oficial, como desejava o pai. Como sempre, o filho deveria se realizar naquilo que o pai não conseguira. Phia Rilke separou-se logo de Josef Rilke, homem muito atraente, mas rígido, para quem a importância da forma superava a do amor. Phia, a *"querida Mama"*, com a tônica no segundo "a", recebeu as cartas natalinas que ora apresentamos neste livro de 1900 a 1925. Elas estão impregnadas da intimidade e do vínculo entre filho e mãe. A ela, René Rilke podia escrever os textos mais difíceis e profundos; cartas, que se referem às *Elegias duinenses*, ao *Tratado sobre Deus* ou à *Carta de um jovem trabalhador*. Juntos, leram *Confissões*, de Agostinho. Na bela edição em língua alemã, capa de couro marrom, com que Rilke presenteou sua mãe, encontram-se os seguintes versos manuscritos pelo filho famoso:

Não o deixa enganar o tempo: o que
É logo, o que é remoto?
Não pressentimos o coração
visitando o Senhor?

Como pelos fatos nos afeta e alcança
Do mesmo modo, nossa serena alma,
Conquistamos, talvez.

Phia Rilke

1900

Carimbo do correio:
Berlim, 22 de dezembro de 1900.

Minha querida e bondosa *Mama*,

Nunca conversamos muito sob a árvore de Natal. Hoje tampouco quero fazê-lo, sobretudo, pois as palavras no papel nem ao menos suscitam ilusão de proximidade. E, aliás, desejo-lhe mais que a ilusão – a certeza, de que estou ao seu lado nessa noite que, desde quando a vivenciei pela primeira vez, você embelezou e enriqueceu através do seu testemunho de amor e bondade! E você deve me sentir próximo, porque lhe presentearei com meu novo livro e, dessa maneira, dirijo-me a você com o sumo do que até agora conquistei e me tornei, com muito mais que com meu corpo e feição, com muito mais que minha alma: com a potência da minha energia e amor, com uma parcela da minha profunda devoção, com um fragmento do meu futuro. O livro "do Bom Deus"... é tudo isso. Acolha-o bem e deixe-o concretizar meus votos na Noite Sagrada. Reconheça-me nele, querida *Mama*.

Não digo mais nada, simplesmente coloco meu livro sob a pequena árvore de Natal, ou lá sobre a mesinha, onde estão os anjos cantores e onde no ano passado você espalhou para mim a abundância dos seus presentes. Veja só, pode-se perfeitamente exprimir, que estou aí mais uma vez, como no ano anterior, só que não apressado, não chegando e saindo numa hora determinada, nesta noite estou bem sereno em todos os cantos da sala, sem precipitação e partilhando intensamente o amor. E só me ausento, se você começa a ficar triste... Mas isso você não faz, não é mesmo? – pois: meu livro está repleto de esperança e luz!

Além disso, mais que brincadeira, mando-lhe ainda outro pequeno presente: um livrinho de Josef Victor von Scheffel como lembrança de nossa viagem a Toblino![1] Receba-o e sinta milhares de beijos de seu

René.
E sua presença!

[1] Castelo no Tirol. (N.T.)

1901

Westerwede, próximo a Worpswede,
21 de dezembro de 1901.

Querida *Mama*,

NATAL! EU GOSTARIA MUITO DE LHE ESCREVER uma longa carta natalina, mas na minha nova e invejável qualidade de pai, tenho tantas obrigações, que somente posso lhe enviar algumas poucas palavras afetuosas. Creio, dessa vez você não receberá tão triste e inquieta o fato de eu não ter ido a Praga para o dia 24, porque sabe, eu tenho uma casa própria, uma mulher querida e uma criancinha[2] para quem naturalmente desejo enfeitar uma árvore de Natal. Não estou mais só! Isso explica tudo! Pela hora dos presentes, estarei em pensamento com você! Quanto a mim, preciso chegar de mãos vazias, pois não se pode considerar o pequeno livro *Os últimos* como presente. Que ele a alegre um pouco, querida *Mama*! Ademais

[2] Rainer conheceu Clara Westhoff em 1900, por intermédio do pintor Heinrich Vogeler, e se casaram a 28 de abril de 1901. A filha Ruth Rilke nasceu a 12 de dezembro de 1901, em Westerwede. (N.T.)

mando nossas duas fotos como você almejava: assim, nessas horas, estamos próximos também em imagem e você revê a nós, uma parte de nossa casa e nossas terras. Como é maravilhoso pensar que você conhece tudo isso! Com prazer, eu teria deixado emoldurá-las, mas não conheço o tom da *peluche* vermelha[3] e, sem dúvida, as molduras dessas devem ser como as das outras. Portanto, você precisa recebê-las assim.

Trocaremos os presentes tão logo escureça e Clara (que hoje já está de pé) circulará então pela sala e poderá levar nosso querido bebê até a árvore de Natal.

Dê graças por tudo, com todo o amor!

Pensamos com muita afeição em você, querida e bondosa *Mama*. Carinhosamente a beija

seu grato
René.

Querida Mamãe,

Envio-lhe muitos cordiais cumprimentos e votos de Natal e também uma saudação de nossa pequena.

Sua filha Clara.

---

[3] No original está *peluche* (pelúcia, em francês), mas em outra passagem Rilke associa as molduras fotográficas da mãe a *Samt* (veludo, em alemão). (N.T.)

1902

Paris, 3, rue de l'Abbé de l'Épée,
21 de dezembro de 1902.

Minha querida e bondosa *Mama*,

ESTAMOS NOS APROXIMANDO DA NOITE DE NATAL. Infelizmente só à grande distância, mas com todos os melhores e ardentes votos e pensamentos! Como vai você, querida *Mama*? Tenho a impressão de não ter notícias suas há muito tempo; isso é decerto também minha culpa, pois eu mesmo fiquei mais uma vez longamente sem escrever, não é mesmo?

Mas ultimamente estive trabalhando num ritmo extraordinário e, assim, precisei deixar pendente de resposta tudo que entrasse (inclusive assuntos afetivos e importantes). Perdoe-me. Nem mesmo lhe agradeci pelo lindo vestidinho para o aniversário de Ruth, como foi bem recebido e que Ruth o vestiu. Agora certamente ela o veste em todas as ocasiões festivas, logo o usará também na noite de Natal. Você pode imaginar a saudade com que pensamos na nossa querida criança e como nos recordamos dessa época do ano passado, quando nós três estávamos juntos pela primeira vez em torno de uma grande árvore com muitos belos presentes, na paz alegre do nosso querido lar. O Natal será para nós um pouco melancólico. Não o comemoramos, continuamos a viver como sempre, talvez descansemos um pouco, dois ou três dias, e pensamos mais que de hábito em Oberneuland. Para lá enviamos uma pequena caixa contendo principalmente miudezas práticas e *Mama* Westhoff[4] precisa fazer o restante para proporcionar a Ruth um bom Natal e realizar todos os desejos possíveis de serem lidos naquele pequenino rosto.

Que sua saúde lhe permita passar o dia em recolhimento e bem-aventurança.

Tomara não haja em casa irritação ou mau humor, de modo que tampouco do ambiente alguma perturbação a aflija. Oramos pela sua saúde e sua paz e partilhamos intimamente, como se presentes, da sua Noite Sagrada!

Querida *Mama*, preciso chegar de mãos vazias. Minha intenção era outra. Planejava depositar-lhe sobre a mesa de Natal o trabalho deste ano, a grande monografia sobre Worpswede. Entretanto, eis o que acabo de saber, o livro não ficou pronto, devido a atrasos da gráfica. A notícia me deixou muito, muito

---

[4] A mãe de Clara (*Mama* Westhoff), Johanna Westhoff, morava no centro de Bremen, mas a família possuía uma casa de campo em Oberneuland. (N.T.)

triste, porém sou completamente inocente desse atraso e peço não atribuí-lo a mim!

Receba, portanto, somente o anúncio do livro (que lhe trará, eu espero, um pouco de alegria) para sua mesa de Natal. O livro mesmo segue, então, tão logo seja possível, talvez ainda no decorrer de dezembro, e peço desde já acolhê-lo bem.

Desde que soubemos que a monografia não ficaria pronta, estivemos cogitando maneiras de agradá-la um pouco que fosse. Mas nós nada encontramos, salvo uma pequena folhinha e um caderninho de anotações, inclusos para você nesta carta, porque a gente volta e meia precisa dessas quinquilharias, e recorre a elas, lembro como você sempre acha emprego para tais objetos.

Além disso, encaminho-lhe ainda o impresso do anuário de Lourdes. É um caderno simples, bastante mal impresso, mas despertará seu interesse tanto pelo texto, como também pelas ilustrações. Há uma imagem de Lourdes (você verá), e o lugar assemelha-se um pouco a Arco. Contém também outras imagens, como a efígie de Bernadete, e muitos outros detalhes que talvez possam alegrá-la um pouco. E tenho ainda um pedido: caso você esteja desejando alguma fotografia da série "Nos contemporains chez eux",[5] queira dizer-me qual. Tais figurinhas custam bem pouco por aqui

[5] Em francês, "nossos contemporâneos em suas casas". (N.T.)

e eu ter-lhe-ia enviado uma com prazer se soubesse quais delas você possui. Não consigo me lembrar exatamente. Se não me falha a memória, você possui: Ohnet, Zola e Renan, estou certo? Talvez também Feuillet? Quer mais algum? Há ainda três fotos de Zola (além daquela na qual está sentado à escrivaninha, duas) e duas de Ohnet, uma especialmente simpática. Por favor, manifeste seu desejo. Nós teremos tanto gosto em lhe fazer um pequeno agrado no Natal, mesmo que seja com atraso.

Nesse caso eu lhe remeteria a fotografia logo em seguida, para mais tarde enviar-lhe a monografia... Ficarei feliz, do fundo do coração, caso você expresse um desejo, pois sinto tanto apresentar-me assim miserável neste Natal. Se ao menos o livro estivesse pronto!

Mande-me, então, notícias sobre sua saúde, escreva-me contando dos planos para a noite de Natal e os feriados da véspera, penso melhor na pessoa querida se sei o que ela está fazendo.

De Oberneuland seguirão novas fotos de nossa querida Ruth, e espero cheguem a tempo. Pensaremos em você com muito, muito amor. Portanto, tenha um bom dia e conceda a si mesma um bom feriado, pleno de paz.

Talvez, quem sabe, você vá para Arco em breve. Alegrar-me-ei sabendo-a lá, inquieto-me durante suas permanências em Praga.

Como está o tempo? Após forte frio, aqui está mais uma vez muito quente; as pessoas se sentam nos cafés e jardins, mas a atmosfera está úmida, triste e nem um pouco natalina. A maioria das pessoas daqui tampouco faz árvores de Natal e sua grande festa consiste em comer grandes gansos...

Clara esteve pensando em como poderia ser amável. Ela também pede que você revele alguma aspiração, que juntos possamos concretizar para você!

E assim, querida e bondosa *Mama*, bom Natal. Como sempre acontece na ocasião, também nessa Noite estarei a seu lado, com carinho e cheio de amor. A abraça,

seu René.

Obrigado novamente, por providenciar a torta para a vovó.

Anexos, seguem os pedidos!

1903

Roma, Villa Strohl-Fern,
20 de dezembro de 1903.

Minha querida *Mama*,

INCLUO UMA PEQUENA CARTA, que lhe peço somente abrir na noite de Natal e o cartão para a vovó. Faça, portanto, a bondade de juntá-lo à torta que você quer presentear por nós.

Minha carta de anteontem já chegou às suas mãos, assim como o pequeno pacote destinado à noite de Natal! Sinto não ser possível dar-lhe mais – como teria prazer em fazê-lo.

Hoje soubemos que nossa querida Ruth teve um bom aniversário e está bem de saúde. Nós não teremos árvore de Natal este ano, e passaremos a festa na intimidade, sem alarde, mas com os pensamentos voltados para o que nos é caro no mundo.

Espero que você agora esteja se sentindo bem, querida *Mama*. Mande-me as boas novas: essa será minha grande alegria de Natal,

seu René.

Roma, Villa Strohl-Fern,
20 de dezembro de 1903.

Minha cara *Mama*,

SOMENTE NO DIA 24, na hora preciosa de paz, você deve ler estas linhas, testemunhas da minha presença em sua noite de Natal. Só com uma dádiva posso me apresentar, mas ela realmente me aproxima de você e me permite acompanhá-la, onde quer que esteja, e estar diante de você juntamente com minha querida esposa sempre que quiser, como em nosso recente reencontro em Karlsbad!

Quando estávamos em Paris, você manifestou um desejo nesse sentido, outrora não pude satisfazê-lo, mas, como vê, não o esqueci e almejo de coração que a foto a agrade e lhe proporcione a impressão de nossa presença na Noite Sagrada e sempre, mais tarde quando a contemple.

Pensamos em emoldurá-la e o teríamos feito com gosto; contudo não sei se você prefere envolvê-la com o veludo usual, para combinar com as outras fotos, e tal moldura não ouso aqui encomendar, pois não conheço as nuanças do tecido, tampouco sei onde encomendar coisas do gênero. A molduragem teria também dificultado e complicado a remessa da foto, assim, pois, a envio como está, rogando perdão e esperando poder agradá-la, e a insignificância de nosso presente seja compensada pelo gesto e pela intenção! O Menino Jesus que você me destinou adquiriu um valor ainda mais especial do que tudo que eu pudesse ofertar-lhe, depois do modo como você me escreveu a respeito!

Mas lá onde meu presente peca por singelo, precisa expressar-se a certeza de que muitos dos meus votos festejam com você sua festa, a envolvem e oram por você na Hora Sagrada que vivenciamos juntos por nos sentirmos e nos acolhermos profundamente em comunhão.

Sinta, querida *Mama*, de peito aberto a magnificência dessa Hora, e que ela, com as mãos suaves, lhe alivie o coração de todas as opressões.

A fé fortalece e a hora silenciosa do Natal é dessas, capazes de irradiar força, porque está impregnada pelo milagre e é plena de mistério. E nós temos de ser silentes, meditativos e serenos o bastante, a fim de receber a graça divina contida nessa hora, e ela a muitos não se estende porque são ruidosos e não têm paz. Finalmente, tudo consiste em ater-se à grandeza, àquilo que nós vivenciamos no íntimo dos nossos corações e ninguém pode perturbar. Se nas horas de recolhimento e elevação, afirmamos ser vida o que em nós palpita vibrante e festivo e nosso olhar cintila com as lágrimas abundantes e sinceras, então o rebuliço que nos atordoa, o cotidiano e a tristeza não mais nos confundirão: com indulgência compassiva nós o suportaremos e mesmo se sofremos sob o fardo, ele não nos tornará inferiores ao que foi por Deus prescrito, pois Ele justamente nos impôs as horas de elevação como estações radiantes de uma trilha sombria, na qual nós O buscamos!

Acolha, querida *Mama*, essas palavras na hora sagrada, como prova da minha proximidade e presença.

Desejo de coração que a Noite Sagrada a encontrasse saudável e todas as conjunturas do seu ambiente lhe propiciassem bons momentos de paz. Acolha a gratidão fervorosa por tudo de amor e bondade que você nos destinou em nosso isolamento e enviou a nossa querida Ruth. Você sempre soube ser bondosa conosco e precisa, assim, conhecer os sentimentos calorosos de nossa alma!

Com amor a abraça, querida *Mama*,

seu René.

1904

Para ler dia 24!
Oberneuland, perto de Bremen,
20 de dezembro de 1904.

Minha querida e bondosa *Mama*,

Feliz e abençoado Natal, de nós três. Queira receber nossos efusivos votos e perceber nossa proximidade, querida e bondosa *Mama*, e não se sentir só e abandonada, porém envolvida pelos meus pensamentos mais calorosos e amorosos.

Já estou agora há quase uma semana em Oberneuland; encontrei Clara sadia e mergulhada no trabalho; ela possui agora um ateliê bonito e claro em Oberneuland, bem perto da Residência Westhoff e tem alunas em Bremen, a quem precisa visitar com freqüência e que a absorvem muito. Além disso, recebeu há alguns dias uma encomenda bem honrosa da Associação Artística de Bremen, de esculpir o busto do conhecido escritor prof. Bulthaupt, um trabalho significativo, para o qual muitos artistas se candidataram. Logo após o Natal deve começar o trabalho e

Clara está bem ocupada com os preparativos. Nesse ínterim revi nossa querida pequena Ruth, e achei que ela se tornou uma pequena criatura com personalidade bem distinta, pontos de vista articulados e opiniões bem formadas. É uma menina encantadora e parece ter me reconhecido, tão afável e íntima se mostra comigo. Ainda não posso lhe dar maiores informações sobre seus desejos, pois a conheço pouco para conseguir percebê-los. Por outro lado, dessa vez também você sem dúvida intuirá certo, como acontece com freqüência. Passaremos a festa de Natal bem sossegados aqui no apartamento de Clara; no dia 24 a árvore de Natal e a troca de presentes terão lugar na Residência Westhoff (seria muito duro para Helmuth e Mamãe Westhoff não nos reunirmos na Noite Sagrada), e no dia 25, por volta da tarde, Ruth receberá os presentes. Da Suécia, de Copenhague e de Hamburgo, trouxe algumas lembranças com as quais espero alegrá-la. Não é muito, mas ela perceberá o espírito do gesto. Como sempre, no dia 24, às seis horas, pensarei em você e rogarei a Deus que prepare em seu íntimo uma hora de muita paz. Uma hora regida por uma infinda confiança, que soe como sinos natalinos.

Tenha o espírito alegre, amada *Mama*. Pense em sua querida Roma e isso também será uma parcela de sua festa, se você endereçar uma breve carta a si mesma contendo uma única palavra: Roma.

De nós receba um pequeno presente que abrange o trio. Clara lhe envia uma foto de Ruth e eu lhe remeto outra. Foram tiradas no outono, mas lhe darão ternura no Natal. Assim desejamos ardentemente. Receba-as, pois, querida *Mama* (não as deixo emoldurar, porque sei como a tudo você prefere seus próprios invólucros de veludo). Portanto, novamente um bom Natal, ao qual virá de todo coração

o René, que muito a ama.

1905

Worpswede, próximo a Bremen,
20 de dezembro de 1905.

Para ler dia 24.
Minha querida e bondosa *Mama*,
Feliz e boa Noite Sagrada de Natal.

A PEQUENA E QUERIDA MENINA LOURA, com seus longos cabelos dourados, correndo em torno de mim, e é como o próprio Menino Jesus, vem a todo instante mostrar-me algo, de modo a não permitir-me escrever tranqüilamente, mas a pequena perturbação só contribui para tornar minhas poucas palavras mais natalinas, pois provém da pequena e amada criança, a qual aguarda tão cheia de expectativa, alegria e confiança o dia que se aproxima cada vez mais.

Não gostaria de escrever muito, pois minha estada é breve e desejo dedicar os poucos dias a meus entes queridos; quero ser atencioso toda vez que minha pequena filhinha vier mostrar-me alguma novidade, e estar à disposição dela. Isso você bem pode imaginar.

Por isso, minha querida *Mama*, torna-se uma carta breve, esta que deverá servir de acompanhamento aos dois pequenos presentinhos que lhe foram deixados em nossa casa pelo Menino Jesus. Quando você, no dia 24, pensar em nós, então nos imagine sim, em Oberneuland, esperaremos aqui todos os pacotes e remessas, e viajaremos em seguida para passar o domingo lá em cima, porque Helmuth ficaria triste demais sem Ruth, além do que nosso espaço aqui é exíguo. Assim, teremos em Oberneuland duas trocas de presente e duas árvores de Natal. Enfeitarei a nossa por volta das cinco horas; se você, minha querida e bondosa *Mama*, mais ou menos a essa hora nos dirigir suas orações, então elas encontrarão no meio do caminho nossos pensamentos que estarão à sua procura, a fim de levar-lhe o perfume, o brilho e a paz natalinos: e como são dádivas de coração para coração, naturalmente não existe distância; na sua reclusão você será, sim, abraçada por nós, e perceberá como estamos impregnados do espírito de Natal que também nos envolve.

Que os sinos de alegre esperança vibrem em seu coração, agitado pelos ternos votos natalinos que lhe desejamos e destinamos. Tenha gratidão por todo o amor e a fidelidade, e comemore uma festa de paz e esperança em seu coração, cercada pelas montanhas e vales, no ambiente que se lhe oferece como uma espécie de berço natal.

Na verdade, não é triste ser só quando os caminhos a todos os entes queridos estão abertos: desse vínculo surge então uma festividade coletiva, com efeito, isso só pode ocorrer em um coração no qual o autêntico amor e a profunda comunhão habitam, e onde num instante de intimidade solene podemos sintetizar o que nos é caro.

Guarde-nos em seu coração e os sinos natalinos haverão de segredar-lhe o seguinte: o quanto você pode nos acolher nele, e o quanto sua solitude é uma solitude comungada conosco nesta noite de felicidade e júbilo. Amoroso abraço,

seu grato René.

1906

Capri, Villa Discopoli, Itália,
19 de dezembro de 1906.

Minha querida e bondosa *Mama*,

ACONTECEU O QUE EU TEMIA: OS NOVOS livros não chegaram e, mesmo se vierem a chegar nos dias vindouros, não tenho a esperança de poder colocá-los a tempo na sua mesa de Natal. Portanto, estou de mãos abanando. Ainda dei umas voltas esperando poder lhe comprar uma lembrança de Capri como presente provisório, mas preciso sinceramente confessar nada ter encontrado, porque fora da estação as lojas maiores cumprem uma espécie de férias invernais. Logo, me perdoe se pareço ainda mais miserável que de hábito: na verdade estou sempre chegando com o mesmo coração com o qual chegava como criança e, você não perdeu a confiança nesse coração, devido às complicações acumuladas pela vida entre duas pessoas próximas que raramente se vêem. Não é verdade?

Pois ele está novamente ao seu lado como sempre com os votos sinceros e calorosos, sem algum pedido especial desta vez, mas sim partilhando a paz das horas sagradas, quando todas as máquinas do mundo param e nada está em movimento, salvo os corações, que batem mais rápidas, festivas, misteriosas palpitações de esperança e bem-aventurança pura e silenciosa. Ambos solitários desta vez, nós estaremos especialmente próximos na noite de Cristo e você com certeza sentirá como meu desígnio a encontra quando você o busca no preâmbulo de suas orações.

Crêem aqui tão pouco no Natal quando vêem as rosas florescerem, as laranjas amadurecerem e (quando o dia de bonança vem após dois dias tempestuosos) também o aroma, sobretudo, se espalha pelo ar, dos narcisos alvos e miúdos, dos brancos gerânios e das centenas de rosas, sem cessar brotando. Sempre quando está aqui, minha generosa anfitriã comemora seus natais convidando cinqüenta crianças pobres, às quais distribui presentes.

No estúdio, enfeitam então um pinheiro (existem árvores de Natal, sim) com rosas (rosas frescas) e luzinhas e o pessoal ensaia canções natalinas. Aliás, nós estaremos só em família; no dia 23 o lar se completa com ambos os convidados invernais ainda por vir: a madrasta de minha esposa, a idosa baronesa de Rabenau, e a jovem condessa da linhagem nobre Solms-Laubach, que eu também já conhecia de Darmstadt. Mesmo a velha e ainda bonita baronesa é uma senhora refinada e muito encantadora, assim sendo nosso pequeno círculo se rematará do modo mais simpático. Tenho o privilégio de poder estar muito a sós, recebo a refeição vespertina na minha pequena casa, para poder trabalhar sem ser incomodado. A isso me obrigam os outros!

Lindo aqui é ouvir o tocador de gaita-de-foles, que circula pelo lugar em meados de Natal, parando ante as imagens da madona e os pequenos altares, tocando as antiqüíssimas canções de louvor ao Menino Jesus. Esse é o espírito natalino a ser cultivado. Logo, não se sinta sozinha demais: pense e sinta como cordialmente a abraça,

seu velho René, cheio de gratidão.

Obrigado também por toda a afeição que você destina e demonstra aos meus!

Junto um envelope vazio com o texto: para 24/12 (à noite). Até lá todo o amor de:

René.

1907

Oberneuland, próximo a Bremen,
21 de dezembro de 1907.

Minha querida e bondosa *Mama*,

TODOS OS NOSSOS MAIS EFUSIVOS VOTOS para o momento sagrado de seu Natal. Grato, leio em sua carta a promessa de ser forte e corajosa e passar contemplativa a Noite Santa, de modo a sentir na solitude minha proximidade cordial e com toda a tranqüilidade possível proporcionada pela sua devota intuição, não se permitindo esvair em ansiosos sentimentos de saudade e ardor: em inexaurível magnificência e exaltação da adoração firme e profunda.

E você sabe, claro, como nós também nesse particular nos afinamos de maneira profunda em compreensão mútua, e o quanto sua solidão evoca uma série de relações misteriosas que talvez possam ser irradiadas com essa potência exclusivamente por quem está só.

Que você, querida *Mama*, vivencie a Noite Santa com o sentimento e a confiança íntima e bem-aventurada do momento natalino. Penso de coração em você, sem deixar-me desconcertar pela distância: às seis horas abro o *couvert*[6] que envolve sua amada missiva e, simultaneamente, você abrirá a pequena remessa que estou enviando hoje. A pequena Ruth há de admirar a árvore e de festejar o Natal sobretudo com a contribuição dos presentes e das ternas atenções que você lhe destinou.

Pela sua delicada carta, eu já sei, portanto, como você pensou em nós com amor e o quanto procurou para cada um de nós justo aquilo que proporcionasse mais alegria. Minha calorosa e cordial gratidão por tudo. Estou certo de que Clara ficará felicíssima com a flanela inglesa: por estar precisamente querendo muito um robe de chambre, nenhum presente poderia, de fato, lhe ser mais bem-vindo no momento. E Ruth possui, é natural, uma lista de pedidos bem longa, Deus sabe o quanto: se encantará especialmente com o vestidinho de piquê, e pressuponho que os lápis de cores pastéis da mesma forma correspondem a seus desejos: nada supera o interesse de Ruth pelo desenho e pela escrita. Ultimamente, tem falado muito a seu respeito. No aniversário, ficou a princípio desapontada, pois o carteiro não trouxera a correspondência, e supôs que as congratulações da "Vovó Phia" (como ela diz) chegariam com o correio vespertino. Mais tarde, quando seu gentil telegrama

---

[6] *Couvert* (sic) talvez refira-se ao particípio de *couvrir* (cobrir, em francês). Invólucro. (N.T.)

endereçado a ela chegou justamente antes do jantar, ficou radiante e orgulhosa.

Talvez você ainda receba a tempo, como presente de Natal, a almejada notícia de Roma. Para mim também é difícil explicar o quanto sinto falta de dias mais meridionais. O clima aqui me deprime, o sol mal aparece e os caminhos estão intransitáveis e lamacentos. Nessas condições, é natural o desejo de ir um pouco ao encontro do sol.

Portanto, mais uma vez os votos de uma festa boa e alegre (apesar de íntima, alegre), de nós três, sobretudo de quem a abraça com carinho

René.

Anexo um cartão: Feliz Natal. 1907.

1908

Paris, 77, rue de Varenne,
21 de dezembro de 1908.

Minha querida e bondosa *Mama*,

Um bom Natal, pleno de paz; naturalmente não tenho a intenção de deixar passar em branco a comemoração, pensarei, é claro, nos meus diletos, e nossa hora combinada permanece seis, como sempre.

Ontem lhe subscritei dois pequenos pacotes e, embora não tenha instruído expressamente nesse sentido, espero ter deixado subentendido meu desejo de que somente sejam abertos junto com esta carta. Estou tão atribulado que, como você pode notar, inclusive a carta natalina preciso escrever às pressas. A correspondência está um pouco acumulada, pois amigos distantes pensaram em mim, e evidentemente tenho muito gosto em retribuir essa lembrança pelo menos com uma breve palavra gentil. E isso requer muito tempo, porque meus pensamentos estão mergulhados no trabalho, e noutra parte só se for meio disperso. Nem assim, todavia, imagine meu trabalho como uma atividade insossa: ele segue sendo para mim uma grande alegria, minha única cerimônia incondicional – e se digo que quero trabalhar no dia 24, estou expressando a intenção de celebrar a Noite Santa em recolhimento solene e sereno: impossível festejá-la melhor. Mas eu estarei, aproximadamente às seis, convergindo todos os meus pensamentos em amor e recordação viva e fiel: acredite sinceramente, e não deixe transcorrer o Natal sem esse sentimento afetuoso e confidente.

As miudezas que escolhi para você significam somente uma pequena saudação de Paris. O calendário, eu teria preferido azul, mas não tinha. (O restante é de Clara.)

Você, por seu turno, pensou muitas vezes e com tanta afeição em Ruth, não tenho dúvidas de que se empenhou a fim de realizar o impossível, pois foi bem-sucedida, conseguiu tudo em Riva. *Eu*, nem mesmo aqui em Paris, acho alguma coisa. Clara está agora com a intenção de talvez ainda ir encontrar-se com Ruth; dei todo meu apoio; pois para Ruth passar a festa com a mãe seria completamente diferente.

Bem, querida *Mama*, encerro com um beijo natalino em meus braços, e lhe desejo bênçãos, disposição e saúde nessa hora estimada, tradicional e familiar,

seu René.

1909

Paris,
20 de dezembro de 1909.

Segunda-feira
Minha querida *Mama*,

Mil agradecimentos por sua carta, pois me trouxe a certeza de que sua nova estada trouxe bons resultados!

Que tudo permaneça assim, e você readquira gosto e confiança. O sono sem dúvida surgirá gradativamente, na medida em que o raro estímulo de inalar um ar bem saudável (deve ser muito agradável senti-lo) tiver sido superado, e se você também tem a opinião e a resposta do dr. Noacks, então poderá, se Deus quiser, organizar sua vida calma e alegremente, do modo como requer.

Escrevi à vovó. Ao receber sua palavra de advertência, já havia encaminhado a ela um pequeno pacote, contendo uma bela sacola reticulada em seda, recheada de bombons que eu providenciara, recordando que este ano você não poderia encomendar para mim. Acho que o presente lhe proporcionará alegria, era uma seda florida muito distinta, arrematada com um largo cordão dourado, e a loja é uma das mais renomadas, assim tampouco o conteúdo deixará a desejar. Infelizmente não foi possível pagar o imposto de aduana de antemão, mas é uma inconveniência mínima, certamente não causará dificuldade alguma.

Sim, festejamos como sempre às seis; estarei então com o coração em vigília e voltado à sua celebração. Para essa hora, segue aqui minha breve carta de Natal e, ao mesmo tempo, remeto-lhe um pacote bem pequeno, e peço-lhe da mesma maneira que só abra às seis horas do dia 24.

Permanecerei todos os outros dias, sem exceção, debruçado sobre o trabalho; pois ainda tenho muito a fazer e o tempo que antecede minha viagem está se tornando consideravelmente exíguo.

Sinta um abraço afetuoso, querida *Mama*,

de seu René.

Paris, rue de Varenne,
20 de dezembro de 1909.

Minha querida e bondosa *Mama*,

A BÊNÇÃO DE DEUS E A ALEGRIA SAGRADA nessa festa de paz. Como todos os anos, comemoro junto com você em espírito, e estou profundamente contente em pensar que você viajou justamente a tempo de passar (condizente com a festa de congraçamento do ano) a Noite Santa, num ambiente amigável; não sem estranhos, é verdade, tampouco só, porém com a disposição tranqüila que nos permite relegar toda a saudade de casa ao rincão do peito extremamente protegido, onde aos solitários, como em compensação por tudo aquilo que lhes falta, surge mais nítida e clara do que aos outros a consoladora consciência de estarem trazendo em si a chama íntima divina, por terras distantes e ignotas. Como alguém poderia celebrar a hora sagrada de maneira mais marcante que com essa comovente convicção, a um tempo humildade e distinção, abrilhantando o coração e tornando sutil a alma? E é possível quedar-se no sublime consolo sem presumir que talvez não o teríamos conquistado se nos tivesse sobrevindo menos perseguição, prova e injustiça? As dificuldades que nos são impostas não afetam profundamente nosso coração, cuja bem-aventurança conhecemos somente de modo vago e superficial? O mal, à espreita, quantas vezes não tentou nos aliciar no bom caminho? E não cultivamos cem vezes sob o auspício dessa ou de outra dor a paciência, importante durante a espera de que o bem esteja preparado para nós, e nós prontos a percebê-lo e a vivenciá-lo?

Nossa vida é rápida e breve, mas Deus, imutável e eterno: por isso sempre há instantes quando as coisas não parecem se conciliar, e não devemos mesmo saber *como* se conciliam: porém, só nos mantermos ali de coração aberto ao mistério, a fim de que a magnitude tenha espaço na pequenez: na intensidade de nossa existência possa se poetizar um instante perpétuo, convergindo com a infinda eternidade divina.

Sejam essas, querida *Mama*, nossas reflexões comuns na hora de comunhão espiritual da antiga e sagrada festa. Que paz e coragem em abundância afluam ao seu coração.

Não pude abandonar minhas diversas tarefas e procurar-lhe um presente de Natal; assim, envio-lhe uma simples edição de bolso de *Imitation*:[7] você também a ama e, a mim, essa obra enigmática e rica

[7] Refere-se a *Imitatio Christi*, de Thomas von Kempen. (N.T.)

no original francês sempre me tocou muito: acolha-a com amor como é dado, e receba o abraço afetuoso de

seu René.

Anexo em um envelope:
À minha cara *Mama*, a Innsbruck –
Natal de 1909.

1910

Túnis, Tunísia Palace Hotel,
19 de dezembro de 1910.

Minha querida e bondosa *Mama*,

À DISTÂNCIA, REALMENTE DE UMA REGIÃO do planeta e de um país estranhos, vem desta vez minha lembrança de Natal e, contudo, devido a esse fato, tenho tanto mais firme a certeza de que não haverá, por isso, maior dificuldade para nossos fluidos se encontrarem e se tocarem mutuamente no anual momento de oferenda de presentes, mas sim, que estarei bastante próximo, em filiação e participação fiel em sua celebração de paz.

Portanto, minha querida *Mama*, um beijo carinhoso na solene hora natalina, a mais feliz do ano, mais misteriosa, quando, no silêncio da noite, os sonhos se elevam aos céus e se concretizam como por milagre: vivencie-a no coração em profunda e grandiosa meditação, renuncie às dúvidas e ao incognoscível. Nesta hora da noite santa, temos em nós uma feição que é de uma inocente criança, e ela aguarda confiante e imperturbável seu quinhão à suprema alegria: isso é Natal, sentir no peito uma vez ao ano a expectativa, a esperança inabalável, de que o adulto, ora vigorando em nós, nos quer surpreender, não um pouco, não, muito, com o infinito; afinal, nossos maiores desejos, se os contemplarmos à luz do coração, não podem se revelar insatisfeitos; pois em nenhum momento trazemos no íntimo um desejo, mas sim na verdade uma satisfação que precisamos ofertar a Deus, e essa dádiva terrena há de sublimar-se e conceder-Lhe glória.

Eis, querida *Mama*, meus votos natalinos destinados a você, receba-os, cálidos como são, e deixe-os, em harmonia com suas aspirações, envolver-lhe o coração.

Aqui se erguem mesquitas, templos divinos de outra crença, mas ao mesmo Deus, isso fica evidente no fervor religioso que impregna a vida dos muçulmanos, é um país de imensa e apaixonada fé, basta lembrar, como foi precisamente neste solo que a primeira cristandade deitou raízes profundas, Cartago, ou as cercanias de Cartago são o berço de santo Agostinho.

Assim, minha querida *Mama*, ânimo, esperança e um coração límpido. No dia 24, às seis horas, como sempre, estarei partilhando em espírito de sua celebração íntima e me manterei próximo de você. A abraça seu

velho René.

post-scriptum: querida *Mama*, infelizmente, ficou para trás, em Paris, um pequeno calendário que lhe estava destinado; mas outra coisa lamento ainda mais: na Argélia, comprei-lhe um belo crucifixo e no momento não consigo encontrá-lo, devo tê-lo perdido, o que é uma lástima e um desgosto. Então, confessando-lhe minha desventura, remeto-lhe somente uma carteirinha tunisiana. Embora seja um presente simples, espero que agrade!

1911

Duíno,
Quinta-feira, 1911.

Minha estimadíssima *Mama*,

Esse incluso, que deve conservar-se lacrado, ficou aguardando uma notícia sua para só então ser remetido; ontem foi mandado de antemão um pequeno pacote de presente; espero que você o tenha também posto de lado, evitando-se assim estritamente que seja aberto?

Pois bem, agradeço-lhe, em meio a pilhas de correspondências (ontem e hoje despachei mais de trinta cartas e remessas pelo admirado correio duinense), pelas suas afetuosas linhas: que você se conserve saudável e (ainda que sutilmente) se restabelecendo cada vez mais, para que logo em cada uma de suas cartas, na primeira leitura espero só por essa notícia, depois procuro outras [sic].

Não leve a mal a impontualidade de Clara: vocês são de uma geração tão meticulosa, a nós contudo os despachos rápidos constituem tarefas difíceis, observo isso na condessa Taxis e em mim: ela resolve tudo num piscar de olhos e eu postergo todas as providências em perspectiva, uma vergonha. Acabo sendo prejudicado, como por exemplo atualmente com a tampa da mala. É ridículo, mas não consigo tirar as medidas, pois se estou com o metro, então a mala não está à mão, se tenho a mala diante dos olhos, num zás-trás alguém leva embora o metro, se ambos estão à minha frente, então estou apressado e não tenho tempo. Pois é, uma vergonha, isso sim.

Não esquecerei a vovó; enviarei a ela uma linda caixa de doces que escolhi recentemente, isso pelo menos sempre a alegra um pouco.

Tampouco eu tenho notícias de Clara há muito, muito tempo, é preciso levar em conta que ela nunca está completamente disponível devido ao tratamento ao qual se submete. Só espero que esteja com saúde e Ruth tenha um feliz Natal. Na pior das hipóteses não haverá problema se seu tecido chegar *a posteriori*, será até mesmo uma surpresa especial para ela, se ainda surgir algo no momento quando julga já ter recebido tudo.

Agora, minha querida e bondosa *Mama*, todo o amor; sim, é provável que eu passe também o Ano-Novo aqui, não pretendo me movimentar por um bom tempo. A abraça com fervor

seu René.

Castelo Duíno, próximo a Nabresina,
Litoral, 21 de dezembro de 1911.

Querida e bondosa *Mama*,

NOVAMENTE UM NATAL: DEUS ESTEJA COM VOCÊ, e toda a sublime pureza no coração.

Tenha na intimidade uma festa de paz, assim como eu na minha, cada um em seu canto; é um privilégio a capacidade de interiorização, afinal não há solenidade mais nobre para se conceber o nascimento de Jesus.

Estou contrariado por dirigir-me a você de mãos abanando, realmente sem nada; ontem lhe encaminhei, de fato, um pequeno pacote, mas algo insignificante nem com boa vontade dá para desculpar; agora estou há oito semanas aqui, onde nada se acha, contava certo com Trieste, mas se procuro alguma coisa, retorno sempre de mãos vazias, ou com algo inadequado.

Assim, seja indulgente comigo, nem ao menos embrulhei meu presentinho como adoro fazer, não tinha fitas etc. que em Paris estão sempre acessíveis.

Fiquei muito impressionado com o pequeno livrinho contendo as ilustrações das obras de Fra Angelico da Fiesole tão minúsculas, porém revelam tanto da magia, da glória dessas imagens pintadas de joelho. Nelas, você reconhecerá com alegria um traço familiar e, através delas, sentirá o desejo de descobrir pormenores ainda desconhecidos, ainda promissores. Infelizmente o livro soltou-se levemente da capa, o encontrei assim no livreiro, e era o único exemplar, não daria tempo de encomendar um outro. Nem mesmo o calendário, por ser italiano, me agradou muito mas não tinha alternativa e para mim era o melhor dentre todos.

Portanto, veja só, as circunstâncias exigem que eu peça desculpas por toda a minha lista de remessas, do princípio ao fim, mas isso não é o essencial, o essencial é a conexão íntima, à qual como sempre me sintonizo às seis horas. Então, ambos comungaremos um instante de harmonia e a distância espacial, graças a isso menor, nada importa.

Penso muito em como foi ano passado, a essa hora, na Tunísia, um dos natais mais singulares que vivenciei, com o pinheiro que comprei e limpei na última hora, na verdade, ele irradiava tanta solenidade e estava tão pálido em meio à imensa claridade que espalhava. O espelho à sua frente o refletia assim por inteiro em conjunto com a sala numa suave atmosfera de névoa iluminada, e devolvia ao ambiente todo o jogo de sombras. Era quase espantoso na manhã seguinte se deparar lá fora mais uma vez com esse país oriental estranho, que nada sabia do Natal e se mantinha alheio, talvez só a antiga igrejinha católica no meio do bairro árabe, escondida num pátio de casas, entendesse, festejasse e cantasse em sua antiga e absoluta penumbra, o que tinha muito do mistério das catacumbas.

Neste ano tudo é diferente.

Há muito tempo não recebo notícias de Clara, mas suponho que ela vá ter com Ruth, como pretendia, e provavelmente permanecerá em Oberneuland até por volta do Ano-Novo. Para Ruth encontrei em Trieste um teatro de marionetes com figuras bastante impressionantes, despacharei esperando que chegue a tempo.

Minha querida *Mama*, assim, novamente um caloroso vínculo de espíritos em cordial harmonia, como sempre, no instante do Menino Jesus, a quem nunca nos tornamos velhos demais e de quem só nos emancipamos na medida em que, às crianças, Ele precisa se manifestar bem mais, comparecendo e permanecendo no presépio, enquanto a nós, Ele apenas afaga o coração por um átimo de segundo, confiante de que nos mantemos ali repletos de esperança e de parte alguma esperamos mais dádivas e milagres e sinais, senão de lá.

Com isso a abraço, estimadíssima *Mama*, do fundo do coração e tão natalino quanto possível

seu René.

Duíno, 30 de dezembro de 1911.

Minha querida *Mama*,

AGORA HÁ POUCO QUIS ABRIR SUA CARTA recém-chegada; eis que *ouvrier lundi matin*[8] e espantado afastei a mão rapidamente. Nossos relatos sobre a noite de Natal se cruzaram: li o seu com alegria e emoção, então você entendeu a intenção e aceitou meus presentes de acordo; eles me pareciam tão pouco convenientes, mas pelo menos as aspirações e os votos bons e fiéis chegaram ao destino sãos e salvos – e assim cumpriram seu papel.

Deixe-me então, de maneira sucinta nessas poucas linhas (hoje não terei tempo para mais que isso) imaginar e expressar o bem concebível que lhe desejo em 1912. Você sabe o quanto precisamos entregar as decisões às mãos do Senhor Nosso Deus, ademais contudo, se agimos exclusivamente devotos e

[8] Em francês: abrir segunda-feira de manhã. (N.T.)

seguros da intercessão divina, tudo no final das contas toma um rumo mais favorável e acaba se resolvendo.

Entre no Ano-Novo com Deus, eis a síntese de todas as congratulações e, nesse dia, se a boa compreensão e a confiança recíproca vigoram, é possível ser breve, e nem por isso os votos serão menos ardentes.

E saúde: poupe-se e tenha muita paciência, estou certo de que você assim fortalecerá aos poucos esse valioso bem, em cujo restabelecimento você já deu largos passos. As predisposições espirituais se tornarão, se Deus quiser, cada vez mais constantes: até certo ponto isso vem em geral acontecendo quando (como nós fazemos) nos permitimos cultivar em solitude essa festa antiga e amada em meio à paz e à alegria.

De Clara só soube que elas tiveram uma bela noite de Natal; como presente para vovó, Clara comprou uma bonita cômoda, branca e pequena, combinando com a máquina de costura dada por mim, que era o desejo mais importante e com a qual Ruth agora se ocupa muito feliz e zelosa. Eu também recebi da vovó, acompanhadas de umas linhas afetuosas, as trinta cronas[9] natalinas, ontem já chegou além disso uma carta dela, na qual confirma contente o recebimento dos doces triestenses.

---

[9] Moeda do antigo império austro-húngaro. (N.T.)

Assim, enfim, toda a afeição e o amor, minha bondosa *Mama*, a abraça na passagem do ano

seu velho René.

(Você vê como estou doido por este excelente papel, não consigo ficar sem ele.)

1912

Ronda, 16 de dezembro [de 1912].

Minha querida e bondosa *Mama*,

A TÍTULO DE PRECAUÇÃO, envio-lhe já hoje a cartinha com a qual desejo fazer-lhe companhia na hora consagrada, pois não tenho a mínima noção do tempo necessário para a remessa da correspondência a partir daqui de Ronda, nem de como é a comunicação com a Itália.

Minha carta, que eu tinha começado no momento quando chegou sua VII, você nesse ínterim terá recebido, mas o ar puro das montanhas só pode fazer bem, quando se sente frio o remédio é caminhar, não há outra alternativa. E a paisagem montanhosa descortina-se com tanta magnificência ante o ar ensolarado e límpido e, assim, o passeio torna-se uma sedução, semelhante à leitura de um belo livro aberto. Ontem estive nas serras vizinhas com a intenção de visitar na resplendente capela da colina a padroeira protetora de Ronda, chamada "Virgen de le Cabejlla",[10]

[10] A "Virgen de la Cabeza" é a padroeira de Ronda, na Andaluzia, Espanha. (N.T.)

consegui atingi-la e desfrutei o indescritível panorama retrospectivo, pois do outro lado a única visão que se tem é de Ronda, apresentando-se como em meio a uma apoteose. Os dois gigantescos rochedos circulares sobre os quais a cidade repousa, separados pelo profundo e estreito abismo da fenda, pela qual no fundo, bem no fundo, precipita-se a fina e caudalosa força do rio sobre os moinhos, para prosseguir circundando mais tranqüila as encostas dos montes em busca do vale sereno – a imensidão entrevista à luz do sol que lentamente se põe: eis a imagem que eu contemplava à porta da capelinha abandonada, infelizmente ela estava trancada. Talvez fosse possível obter a chave e permissão para o acesso em alguma das chácaras, mas não fui capaz de procurar alguém e expor minha íntima solitude. Deixei então para entrar numa outra oportunidade, a fim de ver a estátua que segundo reza a tradição um camponês teria achado numa gruta há muitos e muitos anos.

Penso muito em Roma, e com prazer eu teria mandado alguma coisa diretamente daqui, mas Ronda nesse sentido é o lugar mais ínfimo e provinciano que se possa imaginar e as conexões postais, difíceis e complicadas, tornam as remessas impraticáveis (mesmo se eu pudesse adquirir um mínimo que fosse). Nem ao menos uma simples folhinha de Natal desta vez. Mas todo o afeto, o amor e a fidelidade

de seu René.

1913

Paris, 17, rue Campagne-Première XIVe,
21 de dezembro de 1913 (domingo).

Minha querida e bondosa *Mama*,

MAIS UMA VEZ INTRODUZ-SE EM NOSSA vida a bonita comemoração natalina e eu me entrego ao costume de conduzir minha alegria no momento combinado através da soleira do seu coração, onde você lhe preparou com carinho um ambiente (o mais tranqüilo) decorado e acolhedor. Tento estar tão próximo de você espiritualmente como estive na infância, com todo meu ser, quando nos ajoelhávamos lado a lado a fim de nos voltarmos em oração à meta celeste resplandecente.

Tão imensa era aquela alegria ao meu inocente coração, graças ao empenho do bondoso papai, que hoje em dia continuo a descobrir esses inesgotáveis caudais em meu peito, tão logo me dedico um pouco àquela reminiscência. Tampouco, jamais passei um Natal onde quer que fosse, sem que, atrás de meus olhos cerrados por um breve segundo, não surgisse uma luz indescritível e maravilhosamente comovente. Congraçam-se, sim, todas as luzes de minha meninice nas noites felizes, quando trajando roupas bonitas e irmanados semelhantes aos anjos, nos sustínhamos entre eles e o resto do mundo, pairando sobre uma ilha suspensa à qual a leveza do próprio coração nos alçara.

Deixe-nos, portanto, querida *Mama*, em meio à lembrança, conferir à noite de hoje um caráter solene e sagrado; essa ocasião, penso, não pode passar sem que o peito emocionado receba um ímpeto de alegria; pois cá dentro, na fonte inesgotável do Menino Deus, a alegria é tê-lo, mesmo que em geral haja aflição e obscuridade no íntimo.

Um bom Natal, pleno de paz e esperança!

Dois presentinhos, despachados daqui isoladamente, terão chegado, como espero, a tempo e neste instante encontram-se em sua singeleza diante de você.

Na mesma hora, abro ambos os pacotes que sinto atrás de mim, em cima da cômoda, e a carta que nesse meio-tempo terá chegado. Nela espero descobrir seu afetuoso congraçamento, mas antes de tudo também a notícia sobre suas melhoras e sobre como não tem motivos para se queixar.

Ao pensar em Ruth, então não duvide, nem por um segundo, de seu amor e seu calor; ela nutre e possui esses sentimentos de uma maneira íntima e contida. E o fato de continuar vivendo assim, sem ser educada a pronunciar-se e afirmar-se, não é no final das contas o pior; tanto mais difícil vai se tornando para ela expressar algo que não seja impingido pelo sentimento irresistível. Concernente a Clara, ela mal poderia se pronunciar regularmente contra a pessoa dileta do coração; você sabe como tem *dificuldades ilimitadas* consigo mesma, e se a conhecemos bem como a conheço, é inevitável só pensar bem dela, mesmo quando esquece o mundo inteiro e nos deixa em apuro.

Eu lhe digo isso somente a fim de evitar tanto quanto possível que mal-entendimentos, e sobretudo desconfiança, turvem a profunda serenidade do Natal, que você comemora na santa paz e celebra intimamente consigo

seu velho René.

1914

Natal de 1914.

Querida e bondosa *Mama*,

EIS POIS A FESTA SAGRADA INSPIRANDO imperturbável através da época sombria, árdua e desumana, em breve bate ante todas as portas, e atrás de muitas portas encontram-se criancinhas aguardando sua chegada. Um alento de paz vinha sempre na brisa hibernal rumo à noite santa, ah, se a sensação indizível viesse também neste ano e convencesse, provasse, impressionasse profundamente os homens exaltados e violentos que tomaram nas mãos a morte e lançam a desgraça uns contra os outros. O chamado espiritual debilitou-se, quase como o dono sem poder sobre o cão às mordidas com outros cães; a Igreja está enfraquecida, nem mesmo Cristo tem domínio sobre esses povos. Um soberano, porém, rege o universo e abrange também isso que está acontecendo e o *deixa* acontecer, porque toda a história humana está repleta de uma imensa tolerância – de que serviria ao homem se Deus o detivesse e o ajudasse a elevar-se a Ele; o homem deve perceber que por mais grandiosos sejam seus progressos, nunca chega aos pés de Deus, mas sim ao próprio fim.

Questiona-se se pode haver Natal quando de quase todos os lares foram arrebatados entes queridos, pais, filhos, em muitos casos paira a certeza, em todos, a ameaça de que jamais retornarão. O Natal, no entanto, é a comemoração do júbilo, e ainda que a casa não esteja alegre o bastante, ele não deixa de existir, pois procura então o mais recôndito recanto onde também o luto pode transformar-se em festa – o abrigo do coração.

Assim, creio, se as casas não puderem comemorar, os corações realizarão a antiga festa na noite de inverno, na intimidade hão de celebrar, se elevar e glorificar, e naturalmente é sublime para qualquer festa a capacidade de subtrair-se da perturbação mundana e concretizar-se na invisibilidade.

É o que desejo com relação a você, querida *Mama*, à combinada hora, às seis, decore, sim, a sua sala com apuro e aconchego, mas mais que nunca se transfira o lugar das luzes e presentes, das oferendas e do presépio ao próprio coração; os agrados mútuos sucedam na paz interior, a salvo de toda desarmonia; e você esteja ali, firme e constante para receber as dádivas das mãos do Salvador novamente tornado Menino Jesus!

Meu Natal já se transferiu de tal modo para o íntimo nos últimos anos, acredito, mesmo se tivesse permanecido em Munique, eu passaria a noite em solitude dentro dos meus aposentos, como em comemoração meditativa, contemplação e recordação. Pois desde a infância inclino-me a estar só, sem ter família ou festa familiar, porém, conexões ilimitadas com o cosmo, estou destinado a sentir não o que está perto, senão a amplidão longínqua, é o que confere toda a potência e a autenticidade ao meu sentimento. E é como me sinto voltado para você nesse instante, quando lê esta carta, minha bondosa *Mama*, e com amor verá mais nítida a confirmação de minha proximidade, minha presença, do que ao perceber com os olhos dos sentidos. A abençoa e a abraça,

seu velho René.

1915

Viena, IV̄ *Victorgasse 5ª,*
19 de dezembro de 1915.

Minha querida e bondosa *Mama*,

Bem de perto desta vez, inclusive do solo austríaco, chegam-lhe meus votos natalinos, embora não seja muito provável que eu vá pensar tanto em você no dia 24 dessas paragens, contudo, às seis horas certamente estarei em alegre sintonia com você, conforme o velho acordo, pronto a receber o Menino Jesus no peito ardente.

Que Ele venha da mesma maneira a você, sobretudo a você, em luz e consolação, com bênçãos consagradas, querida *Mama*, presenteando-a com o quê?, com a fé inabalável! Pois assim como se alternam tempos e contratempos, o coração protegido e misterioso, do mesmo modo palco e ilha divina, é um reduto celeste onde pode reinar paz, esperança e bem-aventurança, mesmo se o mundo inteiro sucumbe sob o infortúnio e a destruição. Por mais que nossa natureza íntima também compadeça com os contemporâneos padecimentos da terra e ocupe-se com as imensuráveis preocupações disseminadas e espalhadas entre todos os povos e, finalmente, sinta-se ameaçada ante a decadência a todo minuto iminente e possível; apesar disso, sua vivência essencial não consiste no que se lhe atribui e concede, não é essa carência atual e futura, não é o espanto, a perturbação e o excesso, nem mesmo a ruína pessoal, porém Deus. Porém Deus é a única vivência no cerne, na unidade, na imanência de nossa natureza; onde de fato vivenciamos; tenhamos nós nada além d'Ele, meta e fim, pois o fato de Ele não consumar-se e conceber-se inteiramente dentro de nós, mas persistir como sutil vibração, isso não deve nos confundir em Sua presença. Tão poderoso é, que em face dEle nem o pior sofrimento tem poder; a simples premonição, o leve pressentimento de Sua presença supera e confia a Seu arbítrio nossa miséria e toda a mortandade desse mundo de guerra. O brilho e a bênção da noite natalina deve ser nossa admissão da inocência de Deus na imagem do Menino Jesus: ao entrar na Mãe como corpo e sangue, nascer como homem singular e digno, Deus vem intencionalmente ao mundo até nosso espírito, nos envolve, se faz presente e se encerra em nossos corações, feito a criança em sua infância extraordinária. Mas se perdemos o vínculo com o Menino Jesus e às vezes nos dissuadimos de Sua existência, fazendo com que Sua bem-aventurança se estenda a um ínfimo décimo dos homens, então, que o Menino Deus não somente se realize e se faça vivo, inundando nosso espírito, mas sempre nos faça renascer na fé, nos comova com Sua ternura, pureza e imagem de inocência.

Assim seja, querida *Mama*, também neste ano, a meditação comum de nossa hora natalina. Leia (como a concebo) a continuação de nossa antiga oração de Natal, introduzindo o momento sagrado, pois nela o Menino nos exorta à Sua infinita bem-aventurança e ao glorioso poder da brandura de Seu âmago. Bênçãos a mim e a você, querida *Mama*. Lembranças sinceras de seu velho

René.

1916

Munique, Keferstrasse II,
Última semana antes do Natal de 1916.

Minha querida e bondosa *Mama*,

Aproxima-se mais uma vez nossa sagrada hora de Natal, a qual acolho e celebro como na infância, deixe-nos festejá-la com uma aliança de paz: no nosso tradicional momento, às seis horas.

Ao enviar-lhe minha carta natalina de Viena, há um ano, pensava arbitrariamente que o Natal seguinte seria, precisaria ser de paz. Mas não o é e, à medida que adquirimos consciência dos incessantes ferimentos e abatimentos, noite e dia, como se torna a princípio difícil a realização dessa experiência, justamente dessa, da noite sagrada, da noite na qual surgiu a salvação, a desdenhada e desacreditada, a sacrificada salvação do mundo. No ano passado não havia ninguém na Travessa Victor e não sei se neste ano eu suportaria o requinte de uma árvore de Natal, se eu daria valor a qualquer presente que me chegasse às mãos. Há um peso no ar, impregnando todo objeto que temos de tocar e pegar, o vislumbre bruxuleante das luzes, longe de conferir brilho, assimila a indizível incerteza na qual vivemos. Quem tem ânimo para organizar uma festa espontânea, quem terá a coragem de iniciar um cântico de Natal? Quem conseguirá ajoelhar-se e expressar com o gesto mais que solenidade? Embora seja Natal, todos trazem em si uma tristeza contida e a voz que entoaria o cântico de paz está afinada com o tom de súplica. E o ajoelhar-se, postura que remete à elevação, lembra também o modo de expressar submissão ao fardo de um destino oprimindo o quarto inteiro. No entanto, querida *Mama*, impingidos a nos resignarmos com os sagrados festejos em meio a este mundo de cruéis fatalidades, somos assim postos à prova, se de fato compreendemos a necessidade de transcender a nós próprios no congraçamento. Pois não louvamos a nós mesmos com a vinda da bondosa criança, mas as forças do supremo espírito. Tampouco Seu olhar sobre nós, porque o desdenhamos e recusamos porque não o acolhemos em oração. O próprio espírito, sua milagrosa transformação numa criança visível em solitude e inocência, sua condição-de-indefeso-entre-nós, é o que adoramos e celebramos em enlevada meditação. Nada temos em comum com essa criança divina, senão a vaga consciência dos magos e admirados pastores se orientando pela estrela-guia, a indicar-lhes no firmamento a estrebaria em Belém. Em sua insuperável pobreza, a criança é para nós o ponto supremo do terreno, o alcance mais sutil de luz a nossos olhos, o âmago de nosso coração: por isso é tão pequenino, um menininho visto à distância, e em nossa concepção não cresce além da cruz que guardamos no peito. No entanto talvez fortaleça o dever de comemorar o Natal nas atuais circunstâncias (a festa da inocência em meio a um mundo enredado em culpa), talvez a necessidade consolide em nós a determinação de nunca enaltecer nossa essência, mas de nos consagrarmos transcendendo de modo sublime.

Por mais que me sinta incapaz de decorar meu apartamento para o Natal, me sentaria para a missa do galo lá no alto, ao órgão, entoaria os mais belos salmos e louvaria o Natal que não se exaure.

Não é por mim, não é pela comunidade reunida, não é dela a melodia que soa em nosso coração opresso, eu toco e louvo o Natal do eterno, o Natal do cosmo, o Natal entre as estrelas inabaláveis!

A você, *Mama*, seja dedicada neste ano nossa lembrança e nossa oração comuns, que nos concilie e proporcione alegria. Assim imbuído, estou a seu lado, como seu velho

René.

E de fato, *um único* pacote: a folhinha de Natal solicitada.

1917

Munique, (de passagem) Hotel Continental,
19 de dezembro de 1917.

Minha querida *Mama*,

PONHO-ME, ENTÃO, A ESCREVER-LHE MINHA carta natalina: que a nossa hora íntima e agradável seja profundamente abençoada! Lamento muito me dar conta de sua perseverante enfermidade sob condições tão penosas, quase insuportáveis; resta o único consolo de que agora o pior foi superado, podemos comemorar esta festa de Natal, ainda em apreensão e dor, todavia um tanto quanto mais confiantes e aliviados do que nos últimos três anos, porque desta vez a palavra paz surge sobre uma parte do mundo, no oriente, como uma estrela, podemos pressupor, que continuará se elevando e dentro em breve ofuscará toda maldade e indignidade.

Bênçãos ao seu Natal, portanto, querida *Mama*. Que, apesar das preocupações, você esteja tranqüila e com disposição festiva. Meu pensamento a alcança como sempre por volta das seis horas, como de costume, e a envolve com a lembrança e a afetuosa intimidade. Que uma pequena árvore de Natal cintile sobre seu presépio. Como presente, posso lhe oferecer apenas esta carta; a remessa de qualquer objeto está difícil e o livro que tencionava lhe enviar poderá chegar a você muito provavelmente depois das festas, pois preciso primeiramente buscar o formulário de exportação. Mas, embora sem prova tangível, você há de sentir minha presença em sua comemoração, se esta carta, como eu espero, ainda chegar a tempo às suas mãos.

A tristeza, que porventura tenha lhe causado com meu prolongado silêncio, possa se esvanecer ao brilho de seu espírito em harmonia com a celebração natalina. É um mal de minha parte, que a opressão dos dias atuais me tolha por completo a correspondência manuscrita: sobretudo durante essa última e inesperada estada em Berlim, estive de corpo e alma envolvido com contatos *orais* e não me voltei nem um pouco à escrita. Esta noite não é ocasião para relatar a você minhas vivências berlinenses – vi muitas, muitas pessoas, o que era na verdade meu intuito nessas semanas.

Hoje, contudo, não é dia de falar de pessoas, sejam elas boas e prestativas como aquelas com as quais me encontrei. Hoje, nós queremos nos irmanar sob os augúrios do afável Jesus Cristo, sempre mais uma vez renascendo para os homens, a fim de sempre mais uma vez lhes oferecer a possibilidade de profundo rejuvenescimento e nascimento em meio à árida paisagem hibernal.[11]

Permita-nos conceber pensamentos de paz e confiança, querida *Mama*, e que toda a ruína e a decadência em nós experimente sua pura construção em fé, na bem-aventurança pela qual ansiamos de coração, e que todos os homens cultivarão talvez com mais perseverança e paixão quando passados os anos de horror.

Abraço-a, querida e bondosa *Mama*, com carinho filial, e peço-lhe perdão por toda a apatia e toda a falta de efetivo amor; estou desprovido das forças de expressão e efusividade; parece-me que só seria capaz de resistir nesses tempos calando-me e recolhendo-me radicalmente.

Deus nos auxilie do fundo do coração. Calorosamente, seu velho

René.

[11] O autor se refere ao Natal do hemisfério norte, comemorado no inverno. (N.T.)

1918

No segundo domingo do Advento, 1918.

Minha querida e bondosa *Mama*,

NOVAMENTE TOMO A PENA PARA NOSSO congraçamento natalino: bênçãos ao seu alegre e jubiloso coração! Que você tenha a força e o espírito contemplativo, a fim de festejar nossa hora tradicional e sagrada, às seis, em tranqüila veneração; desta vez também, você deve estar como sempre sentindo no coração a certeza de minha presença e participação no momento de celebração íntima, bondosa *Mama*.

Comemorarei só e sossegado em meu apartamento, abrirei a Bíblia e agradecerei a paz que finalmente nos foi dada, apesar de não ter sido incondicional e sorvida num único trago, como nós às vezes a desejamos. Mas talvez fosse ingenuidade acreditar que uma situação tão complexa de destruição e desordem pudesse se transformar de um dia para o outro em seu preciso e simples contrário.

Assim como a guerra representou uma tristeza logo no segundo, terceiro dia, da mesma maneira, nesses primeiros momentos, o não-mais-guerra vem sendo uma condição indefinida e sombria, pois o oposto de algo tão terrível e mal degenerado só pode, por sua vez, ser de consistência ambígua e turva. Somente a partir do instante quando uma humanidade assolada por completo encontra um solo entre ambos os extremos, no qual paulatinamente os homens vão se encontrando uns com os outros, então a consolação e um futuro melhor serão possíveis (Deus nos permita vivenciar ainda os primórdios desse futuro!). No primeiro momento, despencamos de uma angústia cruel e vigente, que em quatro longos anos tornou-se pesada e sufocante, para uma ansiedade oscilante e contraditória, que é perturbadora, consoante nossa crescente esperança na imediata libertação.

Sem dúvida teremos árduos anos pela frente, a prova dos povos não tem fim, poder-se-ia assegurar que ela na verdade mal está começando; de fato, tudo se restringe, por enquanto, a uma ordem expedida, mas a partir disso todas as pessoas, cada indivíduo defronta-se com questões e precisa responder, precisa se responsabilizar, e ai daquele que ainda está despreparado e perdido: será incessantemente repudiado.

Se nós, querida *Mama*, comparamos este Natal com os quatro últimos, é evidente para mim como as circunstâncias são indiscutivelmente mais auspiciosas. Por mais que divirjam opiniões e esforços, eles tornaram-se livres, e se o cansaço, a exaustão crua, não tivesse sido levado ao extremo, então estaria conservada a vontade latente em milhões de corações, como sementes de inverno, sobre as quais primeiramente deve cair a neve. Pelo visto, ainda temos por vir tempos de carência e frio, estamos distantes da possível fecundação, mas o que brotará no futuro, na era humana próxima e melhor, será evidentemente a boa índole! Bênçãos, querida *Mama*, na nossa hora sagrada, quando estarei comemorando com você com muito calor,

Seu velho René.

1919

Grande Hotel Locarno, Suíça (Tessino),
14 de dezembro de 1919.

Minha querida e bondosa *Mama*,

DOMINGO, E DEZ DIAS ANTES DO NATAL: portanto, não quero postergar a meditação sobre as palavras que devem nos unir no nosso horário de costume, às seis horas da noite santa. Por um lado, seria bom finalmente poder respirar. Quem não se preparou para isso depois dos anos terríveis? Hoje em dia, no entanto, vem-se comprovando que, após sairmos da incerteza, somente conquistaremos a paz superando o mal. A cura do mundo exigirá muito tempo, e os primórdios de sua convalescença serão ainda marcados por todos os sintomas do sofrimento fatídico que o lançaram na cegueira, torpeza e falsa bravura. E é por isso que minhas frases natalinas em ano algum foram tão impregnadas de inquietação como neste ano!

Ademais: tenho poucas notícias sobre você, e não adiantaria saber mais, pois eu não poderia lenir de modo algum as aflições e o mal-estar que a cercam em Praga. Isso me deixaria ainda mais confuso, ficar me inteirando de todas as minudências mesquinhas mas inevitáveis que talvez no decorrer dos dias a oprimam e entristeçam.

Tão logo encontro alguém da Boêmia, faço mil perguntas, e me consolo sempre ao constatar que as circunstâncias, apesar de tudo, já são promissoras em comparação com as das outras regiões da antiga Áustria; as notícias que trazem de Viena são deploráveis!

Fiquei bastante tempo sem mandar notícias: de pouco mais de um mês para cá, minha vida está agitada e muito mudada. Eu aceitara um ou dois convites para conferências vespertinas em Zurique, outros convites se seguiram, e assim por diante, até agora foram sete, meu itinerário acontece através das cidades suíças maiores e com isso, pelo fato de não estar simplesmente lendo os trechos de um ou outro trabalho, porém, com introduções livres e improvisadas, estar sempre preparando a disposição do meu público para a recepção dos trabalhos publicados, eu soube criar tanto interesse e consideração que, talvez, ainda possa apresentar uma segunda série de conferências em meados da primavera. O público suíço é conhecido como reservado, o que leva a valorizar tanto mais sua participação quando se deixa envolver: tive essa felicidade, tanto de modo geral, naquela noite mesmo, como também dentre as referências amigáveis e simpáticas que foram feitas sobre mim aqui e acolá (principalmente em Basel, Berna e Winterthur).

Não hesito, querida *Mama*, em incluir tal boa notícia na carta que você lerá na hora sagrada. Pois ela é de fato alvissareira e boa, e não insignificante, se consideramos que, com esse desempenho, reinscrevo minha vida realmente em seu valor mais nobre, ou seja, mais universal, para além das fronteiras estreitas e artificiais que durante os últimos anos a cerravam. Que alegria, que libertação foi para mim durante a conferência ler os originais em francês ou em italiano, juntamente com a minha versão! Uma tentativa que com certeza na Suíça foi muito bem-sucedida. Ah, se eu pudesse, de uma maneira ou de outra, tanto quanto me for possível, contribuir para o processo de paz e de conscientização do mundo!

Querida *Mama*, estou chegando com as mãos vazias, mas pelo menos lhe presentearei com essas mãos vazias em imagem, e meu rosto de quebra, *eis o presente que o Menino Jesus lhe envia por meu intermédio neste Natal de 1919!* Quatro pequenas imagens: numa delas você vê nossa comunidade da Eremitage de Nyon, minha boa anfitriã, a condessa M. Dobržensky (com o cachorro), seu filho caçula (que também perdeu o pai na guerra), ao fundo uma prima da condessa, baronesa L. Mallowetz, de passagem por lá. No que me diz respeito, essa é a foto menos bem-sucedida: para mim, a melhor é aquela na qual estou sentado no banco. (O que você acha?) Pois bem, eu a cerco quatro vezes, querida e bondosa *Mama* (as fotos são recentes, tiradas no final de outubro, na véspera de iniciar minha turnê). Desse modo, permita que as imagens simples e amigáveis complementem a imagem interior, guardada em seu coração em nossa antiga celebração íntima. Abençoada seja sua generosa hora natalina! Conceda a si mesma, querida *Mama*, consolação e confiança, paz e a perene bem-aventurança das vozes angelicais que nesta noite tudo perpassam e preponderam!

A abraça seu velho

René.

1920

Castelo Berg am Irchel, Cantão Zurique,
17 de dezembro de 1920.

Minha querida *Mama*,

MAIS UMA VEZ PARA NOSSA HORA ABENÇOADA a cálida lembrança dos natais passados, e o meu desejo de que a partir de agora, depois de uma época tão conturbada, a cada ano lhe sejam dadas comemorações serenas, de paz e, enfim, novamente aquelas em um pequeno círculo, bastante íntimo!

Tendo expressado esse voto, então na verdade foi tudo escrito, pois o sentido deste instante não é ler, porém *interiorizar-se* e preparar dentro do próprio peito o presépio em homenagem à hora de júbilo mais sagrada do ano. Que do fundo do coração, com o Jesus Menino nele, possa esse presépio exprimir-se efusivamente ao mundo!

Nesta noite consagrada, querida *Mama*, gostaria muito de ver a recordação de toda carência, mesmo a consciência das preocupações mais primárias e a insegurança concernente à vida totalmente suspensas e de certo modo suprimidas, sob a inspiração da mais íntima certeza de que a graça divina, que não se deixa obstar por fatalidades e oscilações para *Seu momento* – que *não* é nosso! –, irradie e prevaleça com Sua suave glória sobre os problemas aparentemente insuperáveis. Durante todo o ano, não há outro momento, no qual se torna possível fazer sentir tão viva essa dádiva sempre latente e então onipresente, como na singular noite de inverno, séculos a fio, de repente preponderando e superando em valor a soma de todas as forças terrenas pelo incomparável advento da criança, que a todos transforma. Por mais que o suave verão, quando a existência parece consideravelmente mais suportável e amena, quando não precisamos nos defender da árdua hostilidade proveniente do ar e da inóspita natureza, por mais que o verão mais feliz nos ofereça mimos e consolos, o que é tudo isso em comparação com os incomensuráveis tesouros de consolação dessa noite aparentemente singela e pobre, pois ela de súbito está ali, aberta como um coração caloroso, como se tudo abrigasse!

Com as badaladas de sino que encerra, essa noite de fato corresponde à meditação da essência mais profunda! Nem mesmo todas as profecias dos tempos remotos foram suficientes para prenunciar *esta* noite, nenhum hino cantado em seu louvor se assemelha em paz e devoção à imagem dos pastores e reis magos ajoelhados, assim como nem nós, nenhum de nós, enquanto dura a noite milagrosa, está em condições de vangloriar-se das próprias qualidades. É tão genuíno o mistério festejado nesta noite, da adoração, do homem piamente ajoelhado: em sua natureza espiritual ele é mais grandioso que o homem erguido! O fervoroso ajoelhado, completamente humilde sobre os joelhos, é aquele que perde a noção de seu ambiente em plena introspecção, e não saberia dizer o que é grande ou pequeno. Embora em sua inclinação mal tenha a altura de uma criança, mesmo assim ele, o pio de joelhos, não pode ser chamado de pequeno. Com ele desloca-se a escala, pois, na medida em que acompanha a potência e a virtude próprias dos seus joelhos e assume a posição que lhes corresponde, passa a pertencer ao mundo, no qual o elevado é profundidade, e como aos nossos olhos, à nossa capacidade de enxergar, o elevado já permanece imponderável, quem mensuraria a profundidade? Mas essa é a noite da fundação e irradiação da profundidade: que ela, querida *Mama*, a consagre e a abençõe. *Amen*.

Para o Natal de 1920,
Seis horas.

René.

1921

Castelo de Muzot em Sierre Valais,
No último domingo do Advento, 1921.

Minha querida e bondosa *Mama*,

SERÁ POSSÍVEL QUE JÁ TENHA TRANSCORRIDO UM ANO!? Vejo-me tão nitidamente naquela montanha tranqüila, sentado à escrivaninha a escrever-lhe aquela nossa carta das seis horas sobre a adoração (é como se eu ainda me lembrasse de uma ou outra palavra solta), e já é mais uma vez a época de preparar nossa árvore de Natal de um novo ano!

Eis-me aqui, querida *Mama*, também neste Natal, e compartilho, como venho fazendo desde a infância, de sua oração festiva e rogo, como então, para ser incluído e elevado em meio ao conhecido brilho sagrado dessa noite tão alegre! Deixe-nos, como sempre no momento das adversidades que as circunstâncias exteriores acabam trazendo consigo, quase ser injustos concernente à vida, e ela nesse momento não seja nada além de efêmera, passageira, e ante ela cresça e prepondere a nossa interioridade, incólume, a essência mais profunda e pura de nossa natureza, da qual por toda a vida só nos aflui paz e uma confiança imensurável. Lá, no centro de seu coração que tantas vezes mantém-se impenetrável, o Cristo comemora o Natal, e a festa depende exclusivamente de Ele ter obtido o perdão e, lá, no recôndito íntimo, poder desfrutar um instante de paz, sentir-se em casa de uma maneira indizível e festiva.

Quanto a mim, no meu refúgio solitário, levo vantagem sobre você se, na hora combinada para nós e para mim mesmo, busco encontrar o acesso a essa essência mais sagrada de minha própria alma; pois aqui tudo contribui para isso: o velho solar que até mesmo possui, até mesmo ao nível do meu local de trabalho, a meu lado, um pequeno cômodo ainda denominado "a capela", embora esteja vazio há muito e somente indique através de um nicho junto à janela o lugar onde em outros tempos, três ou quatro séculos atrás, o altar devia estar erguido.

Mas como se isso não bastasse, vejo da minha janela a capela campestre de santa Ana, uma igrejinha abandonada, no entanto sempre visitada por fiéis. De propriedade do Castelo de Muzot, foi elevada no mesmo local onde antigamente existira a igreja maior, cujo último padre no século XVII foi Matthias Will, mais tarde beatificado e ainda hoje adorado em todo o Valais. E não apenas isso contribui para meu recolhimento interior: dispersas como numa constelação, erguem-se acima e abaixo de Muzot todas as capelas alvas e elevadas, todas com seus distintos toques de sino e suas badaladas prediletas; e quando saio, não há encruzilhada que não seja marcada por um simples crucifixo de madeira, ou tampouco colina que não tenha um singelo santuário.

Assim, desta vez serei amparado de diversas maneiras em minha introspecção na hora sagrada, e no circunlóquio de todas essas benesses, querida *Mama*, você será evocada e convocada, de todo meu coração.

Mas tampouco a você, sempre dotada de força imutável, será difícil encontrar o caminho àquela luz interior, onde o Natal está acontecendo em seu coração, tampouco a você será difícil recolher-se ao recanto mais puro e sincero do fundo de sua alma, a fim de festejar ali o mistério do Menininho Jesus, cujo poder original ainda era mais magnificente e inocente, pois jazia na manjedoura: vindo ao mundo antes que o mundo dele se aproximasse. *Assim* deve adorá-lo e reverenciá-lo quem traz uma luz não tão vacilante no peito!

Um bom e santificado Natal, querida *Mama*!!

Seu velho René.

1922

Castelo de Muzot em Sierre Valais,
18 de dezembro de 1922.

AQUI ESTÁ, QUERIDA *MAMA*, A SAUDAÇÃO DA HORA QUE comungamos, sempre a mesma, às seis, fiel ano após ano. Que ela a encontre em profunda e festiva meditação, na qual há tanto tempo passamos esse momento a ser considerado o mais auspicioso do ano. A hora de nascimento do Salvador! Imagino você se concentrando no milagre amado, tantas vezes experimentado e intuído, como sente a pureza intacta de nossos corações na infinita paz dessa contemplação, e como na presença da fé que nos mantém na luz, em meio à luz, então nos fortalecemos e nos tornamos invulneráveis contra todas as agressões da miséria e do abandono. O tempo vai passando e me comove cada vez mais o modo, querida *Mama*, como você, com um corpo tão fatigado e afetado, é capaz de conservar o vigor e a constância da alma, contra todas as circunstâncias incômodas e penosas. Quantos em seu lugar se desesperariam, ao passo que você, se refletirmos, foi se tornando cada vez mais forte; sensivelmente mais feliz em sua luta incessante. E embora a vida tenha lhe mostrado suas porções mais sombrias, contudo, firme, jorra do fundo de seu coração uma bem-aventurança e uma aceitação inexplicáveis através dos meios de compreensão humana, o que, sim, para todo o sempre deve realmente permanecer misterioso e insondável.

Mas hoje é uma noite para falar de milagre, em virtude do milagre do presépio sagrado, donde lhe aflui a abundância de dons por que você não deixa de reverenciá-lo e adorá-lo, independentemente das circunstâncias! Assim, querida *Mama*, deixe-nos também hoje estar juntos como há décadas, como na minha tenra infância, enlevado e feliz ante o milagre sagrado: como o bondoso papai sabia decorar bem o salão de presentes, fazendo o coração palpitar forte quando se abriam as portas em par e era como se uma onda de satisfação me inebriasse. Mas quão mais imensa, na medida em que o coração infantil cresce e amadurece, quão extraordinariamente superior é nele, no coração adulto, a onda pródiga, superior a todas as expectativas, quando ela irrompe agora, não mais do salão decorado às escondidas e apresentado de súbito, não mais da mesa repleta de presentes, porém do cantinho discreto onde nós acendemos a vela do Natal.

A manifestação do doce milagre deveria tornar-se menor, mais insignificante, porque nós chegamos a perceber, através do mínimo sinal de sua presença, todo o brilho em nós, em nossa alma festiva e alvissareira. Aos presentes reservamos cá fora somente uma mesinha, mas a enorme mesa das realizações encontra-se hoje em nossos corações, cercada de um brilho que supera até mesmo a lembrança da mais bela árvore de Natal da infância. Se entre tantas dádivas, quando tudo parece confluir-se e satisfazer-se, um de meus desejos pudesse realizar-se, então seria esse, querida *Mama*, que a você seja finalmente concedido comemorar o próximo Natal em seu novo e pequenino lar, há tanto tempo sonhado e que, como espero sinceramente, sucedendo a venda da casa, com certeza se efetivará em algum lugar!

Com essa convicção, querida *Mama*, sinta, sob as luzes natalinas, o abraço caloroso de seu velho, com muita afeição pensando em você na hora combinada,

René.

1923

Castelo de Muzot em Sierre Valais,
Véspera de Natal de 1923.

Para a hora estimada e festiva –
Às seis!

Minha querida e bondosa *Mama*,

Nossa calorosa tradição das seis horas possui qualidades genuínas como felicidade e fidelidade: seus belos benefícios não se restringem ao fato de ano após ano nos proporcionarmos mutuamente a tradicional alegria do Natal, porém, estendem-se além disso à possibilidade de vivificar e prolongar a alegria precedente ao Natal contida a portas trancadas, e que sempre causou grande alvoroço no coração! Pois, na medida em que, devido à distância que nossas cartas precisam superar, somos os dois instados já alguns dias de antemão a escrever ao outro em sintonia com a misteriosa alegria natalina, e a partir dela desejar ardentemente transmitir ao outro: a você! o que deve ser o tom e a essência das seis horas, e assim inesperadamente nos situamos e nos expressamos em consonância com o momento incomensurável e divino.

Nenhures a alegria é sensível e tangível como no momento que a precede. Portanto, querida *Mama*, eis-me aqui, nela, na nossa familiar alegria anterior ao Natal que será alegria quando você me ler e me envolver com um abraço entre essas linhas. Mas deixe-me permanecer mais um pouco na promessa da alegria antecedente. Ela me foi ensinada por você e por papai de uma maneira incomparável, através dos preparativos e surpresas, que em nossa casa sempre fizeram parte desta comemoração. Como palpita meu peito a partir de meu aniversário, pelo dia de são Nicolau[12] até o Natal, e como cresce ainda mais a expectativa no dia 21, no dia 22 e no dia 23 e, enfim, na tarde livre do dia 24, a tempestade não podendo mais crescer traz a bonança, que a princípio aos homens parece demasiada, e seu êxtase faz os sinos entoarem suas badaladas, precedendo a abertura das portas através da névoa do incomparável dia invernal.

Talvez por isso eu enalteça a bem-aventurança (antepondo-se àquela que os homens chamam de grande felicidade), porque vocês me educaram na imensa alegria da expectativa e, neste dia, no qual misteriosamente confluem tantas concretizações, meu coração se excede no estímulo do antegozo, abrigando

---

[12] Dia 6 de dezembro. (N.T.)

em si uma porção completamente infinda. E a alegria, ela mesma, torna-se então por sua vez também infinda. Talvez ela traga consigo para dentro algo como uma perturbação, um delírio que a acometa, um cansaço abençoado que a preencha... e assim não se pode ser mais claro, nem agir livremente, nem ser ativo como nos angelicais sofrimentos do antegozo. Lá, seguíamos, alçávamos, aqui, na alegria, é como se fôssemos presos numa margem exterior, e só pensamos em cair, em cair leve e profundamente. Pois, quem sabe, talvez a vida seja infinitamente discreta, de modo que a alegria não passe de imaginação: talvez todo o universo terreno, em sua última composição, na qual mesmo a dor maior se esvaneça como pó e a bem-aventurança que aqui nos preenche espere alhures.

Querida e bondosa *Mama*, neste ano festejemos nosso Natal em comunhão imbuídos do significado original da festa do nascimento de Jesus; deixemos instaurar-se o Natal do antegozo. Pois a alegria foi a redenção, a ressurreição, a ascensão ao céu: e veja só: tais acontecimentos e revelações da alegria derradeira, suprema, surpreenderam inclusive Maria de tal modo, que ela somente as pôde conceber como uma dor gloriosa.

Nesse sentido, leia também meus dois novos livros, resultados do trabalho de meu penúltimo (o primeiro) inverno em Muzot, como uma tentativa de, de alguma forma, sintetizar vida e morte numa alegria demasiado imensa, inominável, e de exprimir nossas vivências como se as festejássemos, como um antegozo, pelo estremecimento, pela expectativa, pelo segredo. *Amen*. E assim nos ajoelhamos novamente lado a lado, querida *Mama*, e reconhecemos a Fonte Una da graça divina, rogando para sermos abençoados.

Seu velho René.

1924

Val-Mont, Glion,
17 de dezembro de 1924.

Minha querida *Mama*,

APONHO A DATA, VEJO QUE AINDA ESTÁ faltando uma semana para a nossa noite, nossa hora combinada e querida, às seis. Apesar disso, resolvi escrever logo, querida e bondosa *Mama*, as palavras destinadas à nossa hora sagrada de comunhão: minha carta, na qual elas estão incluídas, lhe terá explicado por quê. E embora não seja muito fácil imaginar, aqui e agora (sobretudo em dias ensolarados!), o Natal, a noite santa, ainda assim estou quase atingindo o ponto do coração onde *nossa* festa em Cristo tem lugar; *nele*, querida *Mama*, eu passo a meditar, a fim de estar com você. De lá estão fluindo então estas palavras e estes sentimentos, com os quais desejo envolvê-la daqui a uma semana.

Portanto, querida *Mama*, feliz festa sagrada! Deixe-nos, como todos os anos também neste, voltar os olhos ao passado e rememorar imagens familiares, até nos encontrarmos reunidos lá, onde nós lado a lado nos ajoelhávamos sobre o genuflexório, você de antemão ciente, a par das surpresas que ao meu peito palpitante e não iniciado se prenunciavam por vir. Sempre quando me lembro daquela situação que a ambos nos gravou indelevelmente a alma com força especial e pureza inconfundível, singular verdade e sinceridade da vida interior, eu tenho a impressão de estar alcançando o cerne do coração, chegando ao centro do Natal efusivo e amado, lá, onde se ergue o presépio e bem debaixo da grande estrela, que conduziu os primeiros fiéis adoradores.

Vamos, pois, nos curvar e rezar com grande alegria, suficiente para substituir no céu de inverno o brilho e o calor que parecem ter sumido desde o outono e o verão. Aí incide o sol interior da alma sobre o Menino Jesus e *sua* estação é transplantada ao nosso peito como uma promessa. Esse sol, cujo tranqüilo alvorecer marcado para uma noite de neve foi uma das mais inspiradas e fervorosas vontades de Deus. Esse sol, ao ascender à sua órbita, inicia a circulação pelo universo interior de nossa natureza e em seu caminho propicia o fortalecimento de nosso sentimento, nossa confiança e nossa fé. Na respectiva esfera em que atua, assim como os outros no mundo visível, ele é a poderosa e fecunda fonte de toda florescência, criador e artífice de frutos. Ele altera, além disso, semelhante ao sol terreno, sua distância até nós, nos concede um longo inverno a se cobrir de nuvens ou irradiar em outros hemisférios, dias de inverno sem a companhia de sua luminosidade ou seu calor...

E mesmo quando nos deleita o sol interior, astro demasiado poderoso, não somos capazes de acolher sua graça, em parte por nossa susceptibilidade, em parte porque a intensidade de sua luz ameaça nos ofuscar com o ardor. Por essa razão nos atemos cautelosos à sua presença natalina: porque, aqui, em sua incipiente alvorada, o sol abundante e magnífico possui ainda a suavidade suportável quando nos voltamos a ele, quando ficamos em sua presença no instante de contemplação. Suas outras manifestações são em forma de fé, como um lume para nós, mas cá dentro, onde ele se assemelha à frágil criança no aconchego de sua origem humilde, aqui, a fim de reconhecer seu caráter divino e nos satisfazer com sua generosa abundância, basta o amor simples e receptivo, quase pura comoção.

Receba assim mais uma vez, querida e fiel *Mama*, um forte abraço cheio do brilho amoroso, que ele a fortaleça e a abençoe em paz e alegria!!!

Seu velho René.

[Telegrama de Val-Mont, 24 de dezembro de 1924.]
Ainda estou em Valmont. Às seis em comunhão com você.

René.

1925

Muzot,
Antes do Natal, 1925.

Minha querida *Mama*,

QUANDO VOCÊ ESTIVER LENDO ESTAS LINHAS, é chegada novamente nossa hora combinada, e já se passou mais um ano... Sinta que estou compartilhando de sua oração! Tão perto do *Heinrichsgasse*, sempre penso que se apurarmos os ouvidos, podemos ainda perceber os toques de sinos que no auge da promessa papai sabia badalar nos regalando com um som tão festivo. Acho que todas as alegrias de minha vida possuíam essa voz, assim como todas, em qualquer época do ano, me remetem irremediavelmente às recordações natalinas: de tão intenso era o regozijo, a série de regozijos que eu experimentava sob a árvore refulgente de Natal, em êxtase, o coração saltando pela boca, e isso foi determinante para o futuro, para as situações envolvendo trocas de presentes!

E precisa bastar essa alegria há muito semeada e cultivada tanto no seu como no meu coração, capaz de conferir à nossa hora de comunhão calor e esplendor, independentemente de todas as distâncias. Quando mais tarde, sob a medonha pressão da escola militar, de algum modo passei a conduzir meu próprio destino com mãos frágeis e indecisas, outrora, nos tempos daqueles natais, ainda não podia me suster, voltava-me sempre a você e ao papai, tornou-se importante para mim o fato de vocês serem decididos e firmes, e enaltecerem a vida no júbilo, tanto quanto possível sob a proteção e os auspícios desta festa. Naquele júbilo, dádiva angelical, a consciência ao invés de ter-se esvanecido, foi crescendo em mim através de todas as fases da vida!

E assim, aos anjinhos dos nossos antigos Natais, tão poderosos se comparados a mim, peço, minha querida *Mama*, que compartilhem nossas reminiscências e se distribuam com sua suave presença entre a sua e a minha mesinha de presentes. Nós nos ajoelhamos simultaneamente, em sintonia de pensamentos, imersos, cada um a seu lado, na luz da misericórdia da noite de Cristo: e assim nos ajoelhamos juntos.

Inclua-me em sua abnegada oração, repleta da alegria e do entusiasmo que você, tão desprendida, sorve mais e mais da fonte do presépio. Deixe-me também lhe dizer como admiro profundamente sua coragem, a qual lhe permite sentir o Natal e festejá-lo na solidão, com algumas preocupações naturalmente, sem, contudo, deixar que dispersões ou carências perturbem seu estado de espírito; tão grande é a dádiva divina, sempre mais uma vez fluindo através do renovado menininho Jesus, tão grande também sua capacidade, *Mama*, de receber dons impregnados dos valores genuínos do coração!

Um abraço afetuoso

De seu velho René.

A folhinha de Natal, portanto, está a caminho, já foi despachada antes pelo malote da editora: calculo que esteja chegando por aí. A você, como todos os anos, envio um adjunto do meu *queria-mandar!*, cuja possibilidade você ainda me restringe mais devido à sua experiência com a aduana, de maneira que reprimo, de fato, qualquer intenção de lhe remeter um presente. Ademais, além disso, Sierre é Sierre e Muzot, Muzot: e nesta terra é mesmo impossível dar vazão à tentação de fazer compras!

Este livro, composto na fonte Fairfield
e paginado por Entreletra Produção Gráfica,
foi impresso em Polén Bold 90 g na Vida e Consciência.
São Paulo, Brasil, na primavera de 2007